COMO SOLUCIONAR
NOSSOS PROBLEMAS HUMANOS

Ordem sugerida, para iniciantes, de estudo ou de leitura dos livros de Venerável Geshe Kelsang Gyatso Rinpoche

Como Transformar a sua Vida
Como Entender a Mente
Caminho Alegre da Boa Fortuna
O Espelho do Dharma
Novo Coração de Sabedoria
Budismo Moderno
Solos e Caminhos Tântricos
Novo Guia à Terra Dakini
Essência do Vajrayana
As Instruções Orais do Mahamudra
Grande Tesouro de Mérito
Novo Oito Passos para a Felicidade
Introdução ao Budismo
Como Solucionar Nossos Problemas Humanos
Contemplações Significativas
O Voto do Bodhisattva
Compaixão Universal
Novo Manual de Meditação
Viver Significativamente, Morrer com Alegria
Oceano de Néctar
Joia-Coração
Clara-Luz de Êxtase
Mahamudra-Tantra

Este livro é publicado sob os auspícios do
Projeto Internacional de Templos da NKT-IKBU,
e o lucro recebido com a sua venda está direcionado para
benefício público através desse fundo.
[Reg. Charity number 1015054 (England)]
Para mais informações:
tharpa.com/br/beneficie-todos

Venerável Geshe Kelsang
Gyatso Rinpoche

Como Solucionar Nossos Problemas Humanos

AS QUATRO NOBRES VERDADES

4ª edição

EDITORA THARPA
BRASIL • PORTUGAL

São Paulo, 2018

© Geshe Kelsang Gyatso e Nova Tradição Kadampa

4ª edição no Brasil em 2012
Reimpresso em 2016 e 2018

Título original:
How to Solve Our Human Problems – The Four Noble Truths

Tradução do original autorizada pelo autor

Tradução, Revisão e Diagramação   Tharpa Brasil

Imagem de capa © Jeja/iStock
As ilustrações do miolo são dos oito símbolos auspiciosos

Dados Internacionais de Catalogação na Publicação (CIP)

Gyatso, Geshe Kelsang, 1932-
   **Como solucionar nossos problemas humanos: as quatro nobres
verdades /**
Geshe Kelsang Gyatso; tradução Tharpa Brasil - 4 ed. - São
Paulo: Tharpa Brasil, 2018.
   176p

   Título original em inglês: How to solve our human problems:
the four noble truths

   ISBN 978-85-85928-64-3

   1. Autoajuda - Técnicas 2. Budismo 3. Dharma (Budismo)
4. Felicidade 5. Meditação (Budismo) 6. Soluções de
problemas I. Título
05-9278   CDD-294.3

Índices para catálogo sistemático:
1. Budismo: Religião 294.3

2018

Todos os direitos desta edição reservados à
EDITORA THARPA BRASIL
Rua Artur de Azevedo 1360, Pinheiros
05404-003 - São Paulo, sp
Fone: 11 3476-2328
www.tharpa.com/br

Sumário

Ilustrações vii
Nota do Tradutor ix

Introdução xi

PARTE UM – As Nobres Verdades
Desejo. 3
Sofrimento 7
Origens 9
Cessações 11
Caminho 13

PARTE DOIS – Paciência
Paciência 19
As Falhas da Raiva 21
Por que Sentimos Raiva. 29
Aprender a Aceitar o Sofrimento 37
A Paciência de Pensar Definitivamente sobre o Dharma 45
Aprender a não Retaliar. .51

Dedicatória. 77

Apêndice I: Entender a Mente 79
Apêndice II: Vidas Passadas e Futuras 85
Apêndice III: *Prece Libertadora* e *Preces para Meditação* 93
Apêndice IV: O que é Meditação. 103
Apêndice V: *O Estilo de Vida Kadampa* 111

Glossário 125
Bibliografia 137
Programas de Estudo do Budismo Kadampa 143
Escritórios da Editora Tharpa no Mundo 149
Índice Remissivo. 153
Encontre um Centro de Meditação Kadampa
    Próximo de Você. 161

Ilustrações

Os Oito Símbolos Auspiciosos

O Precioso Para-Sol 2
Os Preciosos Peixes 6
O Precioso Vaso 18
A Preciosa Flor 20
A Preciosa Concha 28
O Precioso Nó. 36
O Precioso Estandarte da Vitória 44
A Preciosa Roda 50

Nota do Tradutor

AS PALAVRAS DE origem sânscrita e tibetana, como *Bodhichitta, Bodhisattva, Dharma, Geshe, Sangha* etc., foram grafadas como aparecem na edição original deste livro, em língua inglesa, em respeito ao trabalho de transliteração previamente realizado e por evocarem a pureza das línguas originais das quais procedem.

Em alguns casos, contudo, optou-se por aportuguesar as palavras já assimiladas à língua portuguesa (Buda, Budeidade, budismo, carma) em vez de escrevê-las de acordo com a sua transliteração (*Buddha, karma*).

As palavras estrangeiras e neologismos foram grafadas em itálico somente na primeira vez que aparecem no texto.

Introdução

As instruções dadas neste livro são métodos para melhorar nossa natureza e qualidades humanas mediante o desenvolvimento da nossa capacidade mental. Nos últimos tempos, nosso conhecimento tecnológico cresceu consideravelmente e, como resultado, testemunhamos um notável progresso material, mas não um aumento correspondente da felicidade humana. Não há menos sofrimento no mundo de hoje nem menos problemas. Na verdade, podemos até dizer que hoje existem mais problemas e que os perigos são maiores do que nunca. Isso mostra que a causa de felicidade e a solução de nossos problemas não residem no conhecimento de coisas materiais. Felicidade e sofrimento são estados mentais e, portanto, sua causa principal não pode ser encontrada fora da mente. Se quisermos ser verdadeiramente felizes e nos livrar do sofrimento, temos que aprender a controlar nossa mente.

Quando as coisas vão mal em nossa vida e encontramos situações difíceis, tendemos a considerar que a situação em si é o problema, mas, de fato, os problemas que experienciamos vêm do lado da mente. Se reagíssemos às situações difíceis com uma mente positiva e serena, elas não seriam difíceis para nós; poderiam até ser vistas como desafios ou oportunidades de crescimento e desenvolvimento. Problemas surgem apenas se reagirmos às dificuldades com um estado mental negativo. Portanto, se quisermos nos livrar dos problemas, temos que transformar nossa mente. Buda ensinou que a mente tem o poder de criar todos os objetos agradáveis e desagradáveis. O mundo é o resultado do carma, ou ações, dos seres que o habitam. Um mundo puro é o resultado de ações puras e um mundo impuro é o resultado de ações impuras. Já que todas as ações são criadas pela mente, tudo, em última instância, inclusive o próprio mundo, é criado pela mente. Não há outro criador que não a mente.

Normalmente, dizemos "eu criei isso e aquilo" ou "ele criou isso e aquilo", mas o criador efetivo de tudo é a mente. Somos como servos da nossa mente; sempre que ela quer fazer algo, temos que fazê-lo, sem escolha. Desde tempos sem início até hoje, estivemos sob o controle da mente, sem nenhuma liberdade. Mas, se praticarmos sinceramente as instruções dadas neste livro, poderemos inverter essa situação e adquirir controle sobre nossa mente. Só então teremos verdadeira liberdade.

Estudando muitos textos budistas, podemos nos tornar um renomado erudito. Mas se não colocarmos os ensinamentos de Buda em prática, nossa compreensão do budismo permanecerá vazia, sem nenhum poder para solucionar nossos problemas ou os dos outros. Se esperarmos que somente uma compreensão intelectual dos textos budistas venha a solucionar nossos problemas, seremos como um doente que espera curar sua doença apenas lendo prescrições médicas, sem tomar os remédios. Como diz o mestre budista Shantideva:

Precisamos colocar os ensinamentos de Buda, o *Dharma*,
  em prática,
Porque não há nada que se realize apenas com a leitura
  de palavras.
Um doente jamais poderá se curar
Apenas lendo prescrições médicas!

INTRODUÇÃO

Todo e qualquer ser vivo tem o desejo sincero de evitar sofrimentos e problemas definitivamente. Em geral, tentamos fazer isso usando métodos exteriores, mas, por mais que tenhamos sucesso do ponto de vista mundano – por mais ricos, poderosos ou respeitados que nos tornemos –, nunca encontraremos libertação permanente dos sofrimentos e problemas.

Na realidade, todos os problemas que experienciamos diariamente provêm do nosso *autoapreço* e do *agarramento ao em-si* – noções errôneas que exageram nossa própria importância. Contudo, porque não compreendemos isso, normalmente culpamos os outros pelos nossos problemas, o que só piora a situação. Dessas duas noções errôneas, nascem todas as outras delusões, como raiva e apego, que nos causam infindáveis problemas.

Rezo para que todos os que lerem este livro experienciem paz interior e realizem o verdadeiro sentido de sua vida humana.

Geshe Kelsang Gyatso,
EUA, Abril de 2004.

PARTE UM

As Nobres Verdades

Venha para debaixo do grande Para-Sol do Budismo

Desejo

PARA SOLUCIONAR NOSSOS problemas humanos e encontrar paz e felicidade duradouras, Buda deu ensinamentos muito profundos, que devemos tomar como conselhos práticos. Seus ensinamentos são conhecidos como "Dharma", que significa proteção suprema contra o sofrimento. O Dharma é o método efetivo para solucionar nossos problemas humanos. Para compreender isso, devemos primeiro analisar a verdadeira natureza dos problemas que enfrentamos e identificar suas causas.

Problemas não existem fora da mente. A verdadeira natureza dos nossos problemas são as sensações desagradáveis, e estas fazem parte da nossa mente. Por exemplo, quando nosso carro apresenta um problema, costumamos dizer: "Eu tenho um problema". Mas, na realidade, o problema não é nosso e sim do carro. Nossos problemas surgem somente quando temos sensações desagradáveis. Os problemas do carro existem fora da mente, ao passo que nossos problemas estão dentro de nós. Se distinguirmos os problemas animados dos inanimados, compreenderemos que a verdadeira natureza dos nossos problemas são nossas sensações, que, por sua vez, fazem parte da nossa mente.

Todos os nossos problemas – as sensações desagradáveis – provêm das delusões de apego e ignorância do agarramento ao em-si. Sendo assim, tais delusões são as causas principais dos nossos problemas.

Temos um forte apego por satisfazer nossos desejos e em nome disso trabalhamos incansavelmente ao longo da vida, experienciando muitas dificuldades e problemas. Quando nossos desejos não são satisfeitos, ficamos infelizes e deprimidos, o que frequentemente nos leva a sentir raiva e a criar mais problemas, tanto para nós quanto para os outros. Podemos compreender isso observando nossa própria experiência. Quando perdemos nossos amigos, trabalho, status, reputação etc., experienciamos dor e muitas dificuldades devido ao forte apego que sentimos por essas coisas. Não fosse pelo apego, não haveria nenhum motivo para sofrer ou ter problemas ao perdê-las.

Porque temos forte apego por nossas visões, ou opiniões, quando alguém nos contraria surge imediatamente dentro de nós o problema das sensações desagradáveis. Isso nos faz sentir raiva e, com raiva, discutimos e brigamos com os outros, criando, assim, mais dificuldades. A maioria dos problemas políticos vividos no mundo são causados por indivíduos que têm um forte apego por suas opiniões pessoais. Muitos outros problemas também se originam do apego que as pessoas nutrem por suas opiniões religiosas.

Em vidas anteriores, devido ao apego pela satisfação dos nossos desejos, cometemos inúmeras ações que prejudicaram outros seres vivos. Como resultado dessas ações, experienciamos agora numerosos problemas e sofrimentos.

Se nos mirarmos no espelho do Dharma, veremos por que nosso apego, raiva e especialmente a ignorância do agarramento ao em-si são as causas de todos os problemas e sofrimentos que enfrentamos. Compreenderemos definitivamente que, se não controlarmos essas delusões, não poderemos solucionar nossos problemas humanos. O Dharma é o único método para controlar nossas delusões – apego, raiva e a ignorância do agarramento ao em-si. Os antigos praticantes kadampas e muitos praticantes dos dias de hoje compreenderam isso por experiência pessoal; eles são testemunhas dessa verdade. Os ensinamentos de Buda são o método científico supremo para solucionar os problemas humanos. Se os colocarmos em prática com sinceridade, sem dúvida resolveremos nossos problemas e encontraremos o verdadeiro significado da nossa vida.

Mantenha harmonia e alegria o tempo todo

Sofrimento

No *Sutra das Quatro Nobres Verdades*, Buda disse:

Deves conhecer os sofrimentos.
Deves abandonar as origens.
Deves alcançar as cessações.
Deves praticar o caminho.

Essas instruções são conhecidas como as Quatro Nobres Verdades. Denominam-se "nobres verdades" porque são instruções superiores e não nos enganam.

Em geral, aqueles que padecem de dor física ou mental, incluindo os animais, reconhecem seu próprio sofrimento. Mas quando Buda diz "deves conhecer os sofrimentos", ele está se referindo aos sofrimentos das nossas vidas futuras. Compreendendo isso, vamos desenvolver um intenso desejo de nos livrar deles. Esse conselho prático é importante para todos nós, porque, se quisermos evitar sofrimentos em vidas futuras, sem dúvida vamos ter que usar a vida humana atual para assegurar a felicidade e a liberdade dessas incontáveis vidas futuras. Essa intenção é muito significativa.

Se não tivermos esse desejo, desperdiçaremos nossa preciosa vida humana buscando apenas a felicidade e a liberdade desta curta vida. Isso seria uma grande tolice, porque nossas intenções e ações não seriam diferentes das intenções e ações dos animais, que só se interessam por esta vida. O grande iogue Milarepa disse certa vez a um caçador chamado Gonpo Dorje:

Teu corpo é humano, mas tua mente é a de um animal.
Ó ser humano com mente de animal, por favor, ouve minha canção.

Normalmente, acreditamos que solucionar problemas e sofrimentos desta vida é o que há de mais importante e dedicamo-nos inteiramente a isso. Na realidade, os problemas desta vida duram pouco; se morrermos amanhã, eles acabarão amanhã mesmo. Já os problemas e sofrimentos de nossas vidas futuras vão durar por um tempo indefinido e, portanto, a liberdade e a felicidade dessas vidas são muito mais importantes. Com a primeira nobre verdade, Buda nos encoraja a usar a vida humana atual para preparar a felicidade e a liberdade de nossas incontáveis vidas futuras. Sábios serão aqueles que seguirem esse conselho.

Uma explicação detalhada sobre vidas futuras pode ser encontrada nos Apêndices I e II.

Origens

"Deves abandonar as origens."

ESTE TAMBÉM É um conselho muito prático. As origens são principalmente as nossas delusões do apego, raiva e ignorância do agarramento ao em-si. Em geral, temos um sincero desejo de nos livrar do sofrimento definitivamente, mas nunca pensamos em abandonar as nossas delusões. Contudo, sem controlar e abandonar as delusões, é impossível obtermos a libertação permanente de nossos sofrimentos e problemas. Logo, devemos seguir o conselho de Buda e, concentrando-nos no profundo significado do Dharma e usando a força da nossa determinação, controlar o apego, a raiva e as demais delusões.

As delusões são chamadas de origens porque são a fonte de todos os sofrimentos e a causa principal dos problemas que enfrentamos. Já vimos por que o apego é uma das causas principais dos nossos problemas e, na segunda parte deste livro, examinaremos todos os malefícios da raiva. A breve explicação que se segue mostra por que o agarramento ao em-si é a causa principal de nossas dificuldades.

Em primeiro lugar, precisamos identificar o agarramento ao em-si, que está sempre alojado em nosso coração destruindo nossa paz interior. Sua natureza é ser uma percepção errônea que acredita equivocadamente que nós e os outros temos existência verdadeira, ou inerente. Isso é uma mente ignorante, porque, na realidade, as coisas não existem inerentemente – elas são meras imputações. Porque a mente tola do agarramento ao em-si acredita, ou se agarra, ao "eu", ao "meu" e a todos os demais fenômenos como se fossem verdadeiramente existentes, desenvolvemos apego pelas coisas de que gostamos e ódio por aquelas de que não gostamos. Então, cometemos várias ações que prejudicam os outros seres vivos e, como resultado, experienciamos sofrimentos e problemas durante esta vida e em todas as outras vidas; essa é a razão fundamental dos nossos problemas. Já que nosso senso de um "eu" e "meu" inerentemente existentes é tão forte, nosso agarramento ao em-si do próprio eu também atua como fundamento para todos os nossos problemas diários.

O agarramento ao em-si pode ser comparado a uma árvore venenosa; as outras delusões, aos seus ramos; e os nossos sofrimentos, aos seus frutos. O agarramento ao em-si é a fonte principal de todas as demais delusões, sofrimentos e problemas. Compreendendo isso, devemos investir grande esforço para identificar, reduzir e, por fim, abandonar totalmente essa ignorância.

Cessações

"Deves alcançar as cessações."

ESSAS PALAVRAS MOSTRAM que devemos alcançar a cessação permanente do sofrimento. Ocasionalmente, todos nós experienciamos a cessação temporária de determinados sofrimentos. Por exemplo, uma pessoa que está fisicamente saudável experiencia uma cessação temporária de doenças. Entretanto, isso não é suficiente, já que é apenas temporário. Essa pessoa voltará a passar pelo sofrimento da doença muitas vezes, nesta e em incontáveis vidas futuras. Todo ser vivo, sem exceção, está submetido ao ciclo dos sofrimentos de doença, envelhecimento, morte e renascimento, vida após vida, vezes sem-fim. Seguindo o exemplo de Buda, devemos desenvolver uma forte renúncia por esse ciclo interminável. Na época em que vivia no palácio com sua família, Buda presenciou os sofrimentos incessantes de seu povo e assumiu a forte determinação de alcançar a iluminação, a cessação permanente do sofrimento, e de conduzir todos os seres vivos a esse mesmo estado.

Buda não nos incentivou a abandonar as atividades diárias, com as quais criamos as condições necessárias para viver e evitar situações de pobreza, problemas ambientais, doenças etc. Contudo, por maior que seja nosso sucesso em tais atividades, nunca obteremos uma cessação permanente desses problemas. Continuaremos a encontrá-los em nossas incontáveis vidas futuras tanto quanto agora. Embora trabalhemos arduamente para debelar os sofrimentos associados à pobreza, à poluição ambiental e às doenças, eles continuam a aumentar no mundo inteiro. Ademais, os progressos da tecnologia moderna têm exposto nosso mundo a perigos jamais vistos. Portanto, não devemos nos satisfazer apenas com uma liberdade provisória de determinados sofrimentos, mas aplicar grande esforço para alcançar a libertação definitiva, enquanto temos essa oportunidade.

Devemos considerar o quanto nossa vida humana é preciosa. Nem todos os seres vivos estão sob a forma humana. Devido às suas visões deludidas que negavam o valor da prática espiritual, aqueles que, por exemplo, renasceram como animais não têm a oportunidade de se dedicar ao desenvolvimento espiritual, o único caminho capaz de dar sentido às suas vidas. Já que para eles é impossível ouvir, compreender e contemplar as instruções espirituais ou meditar sobre elas, o renascimento como animal é, em si, um obstáculo. Só os seres humanos estão livres de tais obstáculos e possuem todas as condições necessárias para praticar os caminhos espirituais, a única saída que leva à paz e à felicidade duradouras. Essa combinação de possuir liberdade e dispor de condições indispensáveis é a característica especial que torna nossa vida humana tão preciosa.

Caminho

"Deves praticar o caminho."

NESTE CONTEXTO, CAMINHO não se refere a um caminho exterior, que nos leva de um lugar para outro, mas ao caminho interior, um caminho espiritual, que nos conduz à felicidade pura da libertação e da iluminação. Uma explicação detalhada das etapas do caminho à libertação e à iluminação está nos livros *Como Transformar a sua Vida*, *Novo Manual de Meditação* e *Caminho Alegre da Boa Fortuna*.

A prática das etapas do caminho à libertação pode ser resumida nos três treinos superiores: disciplina moral superior, concentração superior e sabedoria superior. Esses treinos denominam-se "superiores" porque são motivados por renúncia, um desejo sincero de alcançar a libertação permanente dos sofrimentos desta vida e das vidas futuras. Eles são, portanto, o caminho efetivo que devemos praticar para alcançar a libertação.

A natureza da disciplina moral é abandonar ações inadequadas, manter conduta pura e executar todas as ações corretamente com motivação virtuosa. A disciplina moral é muito importante para cada um de nós, pois ajuda-nos a evitar problemas futuros. Ela nos torna puros, uma vez que purifica nossas ações. Precisamos ser limpos e puros. Apenas ter um corpo limpo não basta, pois nosso corpo não é nosso eu. Disciplina moral é como um grande solo que sustenta e nutre a plantação de realizações espirituais. Sem praticar disciplina moral, é muito difícil progredir nos treinos espirituais. O treino em disciplina moral superior consiste em aprender a nos familiarizar profundamente com a prática de disciplina moral motivados por renúncia.

O segundo treino superior é em concentração superior. A natureza da concentração é eliminar distrações e concentrar-se em objetos virtuosos. É muito importante treinar em concentração, pois com distrações não conseguimos realizar nada. O treino em concentração superior consiste em aprender a interromper distrações e a nos concentrarmos em objetos virtuosos, motivados por renúncia. Se nossa concentração for clara e intensa, progrediremos facilmente em qualquer prática de Dharma. Normalmente, as distrações são o nosso maior problema. A prática de disciplina moral elimina as distrações densas, e a concentração impede as distrações sutis. Juntas, elas nos ajudam a obter resultados rápidos em nossa prática de Dharma.

O terceiro treino superior é em sabedoria superior. A natureza da sabedoria é ser uma mente virtuosa e inteligente, cujas funções são eliminar a confusão e compreender plenamente objetos profundos. Algumas pessoas são muito inteligentes quando se trata de destruir inimigos, cuidar de suas famílias, obter o que desejam etc., mas isso não é sabedoria. Até animais possuem esse tipo de inteligência. A inteligência mundana é enganosa, ao passo que a sabedoria nunca nos engana. Ela é nosso Guia Espiritual interior, aquele que nos conduz a caminhos corretos. É também o olho divino, pelo qual podemos enxergar as vidas passadas e futuras e a conexão especial entre nossas ações e nossas experiências, denominada carma. O carma é um assunto muito extenso e sutil e só pode ser compreendido por meio de sabedoria. O treino em sabedoria superior consiste em meditarmos sobre a sabedoria de realizar a vacuidade motivados por renúncia. Essa sabedoria é extremamente profunda. Seu objeto, a vacuidade, não é um mero nada, mas a natureza verdadeira de todos os fenômenos. Uma explicação detalhada sobre a vacuidade pode ser encontrada nos livros *Novo Coração de Sabedoria* e *Como Transformar a sua Vida*.

Os três treinos superiores são o método efetivo para obtermos a cessação permanente dos sofrimentos desta vida e das incontáveis vidas futuras. Compreenderemos isso contemplando uma analogia. Para cortar uma árvore, utilizamos uma serra, mas a serra não pode cortar a árvore sozinha, sem as nossas mãos, que, por sua vez, dependem do nosso corpo. O treino em disciplina moral superior é como o corpo, o treino em concentração superior é como as mãos e o treino em sabedoria superior é como a serra. Se utilizarmos os três juntos, cortaremos a árvore venenosa da nossa ignorância do agarramento ao em-si e, automaticamente, todas as demais delusões – seus galhos. Assim, todos os nossos sofrimentos e problemas – seus frutos – cessarão por completo. Então, obteremos a cessação permanente do sofrimento desta vida e das vidas futuras – a paz interior suprema e permanente, conhecida como "nirvana", ou libertação. Dessa forma, teremos solucionado todos os nossos problemas humanos e realizado o verdadeiro sentido da nossa vida.

As Quatro Nobres Verdades podem ser compreendidas e praticadas de muitas maneiras. Direta ou indiretamente, todas as práticas de Dharma estão incluídas nas Quatro Nobres Verdades. Com as instruções até aqui apresentadas, podemos compreender como praticá-las em geral. Porém, também precisamos entender como praticá-las em relação a determinados sofrimentos, origens, cessações e caminhos; por exemplo, em relação ao sofrimento da raiva, à sua origem (que é a própria raiva), à sua cessação (que é a verdadeira cessação do sofrimento da raiva), e ao caminho, que é a prática de paciência. Isso será explicado na segunda parte deste livro.

PARTE DOIS

Paciência

Pegue as preciosas joias de sabedoria e de compaixão do vaso-tesouro do Dharma Kadam

Paciência

A EXPLICAÇÃO SOBRE como superar a raiva por meio da prática de paciência, que será apresentada a seguir, baseia-se no *Guia do Estilo de Vida do Bodhisattva*, o famoso poema do grande mestre budista Shantideva. Embora tenha sido composta há mais de mil anos, é uma das obras mais claras sobre o tema e continua sendo tão relevante hoje como o foi em sua época.

Shantideva diz:

Não há mal maior do que a raiva
Nem virtude maior do que a paciência.
Portanto, devo empenhar-me de várias maneiras
Para me familiarizar com a prática de paciência.

Desfrute da pureza de sua mente e de suas ações

As Falhas da Raiva

A RAIVA É uma das delusões mais comuns e destrutivas e aflige-nos quase todos os dias. Para solucionar esse nosso problema, a raiva, primeiro precisamos identificá-la dentro de nós, saber como ela prejudica a nós e aos outros e apreciar os benefícios de ser paciente diante das dificuldades. Depois, em nossa vida diária, devemos aplicar métodos práticos para reduzir a raiva e, por fim, impedi-la de surgir.

O que é a raiva? Raiva é uma mente deludida que enfoca um objeto animado ou inanimado, julga que ele não tem atrativos, exagera suas más qualidades e deseja prejudicá-lo. Por exemplo, no momento em que estamos com raiva de nosso parceiro, ele nos aparece como detestável ou desagradável. Então, exageramos suas más qualidades, atendo-nos somente aos aspectos que nos irritam e ignorando suas boas qualidades e bondade, até construirmos a imagem de alguém intrinsecamente cheio de falhas. A seguir, desejamos prejudicá-lo de alguma maneira, provavelmente criticando-o ou depreciando-o. Por se basear num exagero, a raiva é uma mente irrealista; a pessoa ou a coisa intrinsecamente cheia de falhas que é focalizada pela raiva não existe de fato. Além disso, como veremos, a raiva é também um estado mental extremamente destrutivo, que não tem finalidade alguma. Tendo entendido a natureza e as desvantagens da raiva, precisamos, então, observar nossa mente com cuidado o tempo todo a fim de reconhecer a raiva logo que surja.

Não há nada mais destrutivo do que a raiva. Ela arruína nossa paz e felicidade nesta vida e leva-nos a cometer ações negativas, que conduzem a sofrimentos indescritíveis em vidas futuras. Ela bloqueia nosso progresso espiritual e impede-nos de conquistar as metas que fixamos em nosso caminho – desde uma simples melhora mental até a conquista da plena iluminação. O oponente da raiva é a aceitação paciente e, se estivermos seriamente interessados em progredir no caminho espiritual, não há prática mais importante do que essa.

No *Guia do Estilo de Vida do Bodhisattva*, Shantideva diz que todo o mérito, ou potencial positivo, criado na mente pelas ações virtuosas que fizemos durante milhares de éons pode ser destruído num único instante de raiva dirigida a um ser sagrado, como um *Bodhisattva*. Um Bodhisattva é alguém que possui a *bodhichitta*, o desejo espontâneo de realizar a iluminação para o benefício de todos os seres vivos. Como a bodhichitta é uma qualidade interior, não é fácil dizer quem é ou não um Bodhisattva. É perfeitamente possível que um famoso mestre espiritual não seja um Bodhisattva, ao passo que outro, que vive de modo simples e anônimo entre os pobres e necessitados, seja um ser altamente realizado. Se, como diz Shantideva, um instante de raiva contra alguém que desenvolveu a bodhichitta pode destruir éons de virtude, é recomendável não termos raiva de ninguém.

A raiva pode surgir em relação a muitos diferentes objetos e, se for dirigida contra alguém que possui elevadas realizações espirituais, destruirá o mérito que acumulamos durante milhares de vidas. Do mesmo modo, se gerarmos intensa raiva em relação a pessoas que foram bondosas conosco, tanto material como espiritualmente, a destruição do nosso mérito, ou boa sorte, será ilimitada. Até a raiva que sentimos de alguém igual a nós pode destruir os potenciais virtuosos que coletamos em muitas vidas anteriores.

Suponhamos que num dia tenhamos criado uma vasta quantidade de mérito fazendo extensas oferendas às Três Joias – Buda, Dharma e Sangha – ou ajudando muitas pessoas. Se nos lembrarmos de dedicar nosso mérito para a conquista da iluminação e para o benefício de todos os seres sencientes, esse mérito estará a salvo e não poderá ser destruído pela raiva. Contudo, se ele não for devidamente dedicado e, no dia seguinte, ficarmos com raiva de alguém, a virtude acumulada pela prática do dia anterior perderá seu poder. Sentir mesmo que um pouco de raiva pode retardar o amadurecimento do nosso carma virtuoso. Assim, a delusão raiva nos prejudica gravemente. Uma bebida alcoólica tem o potencial para nos embriagar, mas, se for fervida, esse potencial será destruído. Da mesma forma, a prática de virtude cria o potencial para experienciarmos felicidade, mas a raiva pode destruir esse potencial completamente.

Destruir méritos é uma das falhas invisíveis da raiva e, portanto, algo que só pode ser aceito por meio de fé. Mas há também outros inconvenientes dessa delusão que são perceptíveis e, quando os identificamos, torna-se óbvia a necessidade de praticarmos paciência.

A raiva é um estado mental doloroso por natureza. Sempre que sentimos raiva, nossa paz interior imediatamente desaparece e até nosso corpo se torna tenso e desconfortável. Ficamos tão inquietos que é quase impossível adormecer e, quando conseguimos dormir um pouco, temos um sono descontínuo e agitado. É impossível nos divertir quando estamos com raiva e até a comida parece sem graça. A raiva transforma uma pessoa normalmente atraente num medonho demônio de cara vermelha. Tornamo-nos cada vez mais infelizes e, mesmo nos esforçando, não conseguimos controlar nossas emoções.

Um dos piores efeitos da raiva é nos roubar a razão e o bom senso. Na ânsia de retaliar a quem supostamente nos prejudicou, ficamos expostos a grandes perigos em nome de uma vingança mesquinha. Para nos vingar de pretensas injustiças ou desfeitas, colocamos em risco nosso trabalho, relações e até o bem-estar de nossos familiares e filhos. Quando ficamos bravos, perdemos qualquer liberdade de escolha e somos arrastados por um ódio incontrolável. Às vezes, esse ódio cego se volta contra pessoas queridas e benfeitores. Num acesso de raiva, esquecidos da imensa bondade de nossos amigos, familiares ou mestres espirituais, podemos até investir contra eles e chegar a ponto de matá-los. Não é de se admirar que uma pessoa normalmente raivosa seja evitada por todos. Essa pobre vítima do seu próprio temperamento converte-se no desespero daqueles que a amavam e acaba sendo abandonada por todos.

A raiva é particularmente destrutiva no relacionamento entre as pessoas. Quando vivemos em contato íntimo com alguém, nossas personalidades, prioridades, interesses e maneiras de fazer as coisas frequentemente se chocam. Como passamos tanto tempo juntos e conhecemos tão bem as falhas da outra pessoa, é muito fácil sermos críticos e mal-humorados em relação a ela e culpá-la por tornar nossa vida insuportável. A menos que façamos um esforço contínuo para lidar com essa raiva tão logo ela surja, nosso relacionamento se desgastará. Um casal pode se amar de verdade, mas, se constantemente sentirem raiva um do outro, seus momentos de felicidade serão cada vez mais raros. Chegará um ponto em que, antes de terem se refeito de uma briga, outra já terá começado. Como uma flor sufocada por ervas daninhas, o amor não pode sobreviver em tais circunstâncias.

A convivência íntima cria oportunidades para que a raiva surja inúmeras vezes num mesmo dia. Assim, para evitar que maus sentimentos se instalem, precisamos lidar com a raiva logo que ela surja em nossa mente. Não esperamos o final do mês para lavar nossa louça diária, pois não queremos viver numa casa suja nem enfrentar um trabalho imenso e desagradável. Da mesma forma, precisamos nos esforçar para limpar a sujeira de nossa mente assim que ela aparecer, pois, se permitirmos que se acumule, será cada vez mais difícil lidar com ela e colocaremos em risco nossos relacionamentos. Deveríamos lembrar que cada momento de raiva é também uma oportunidade para desenvolvermos paciência. Um relacionamento cheio de conflitos de interesse é também uma oportunidade inigualável para desgastar nosso autoapreço e agarramento ao em-si, as verdadeiras fontes de todos os nossos problemas. Praticando as instruções sobre paciência explicadas neste livro, poderemos transformar nossos relacionamentos em oportunidades de crescimento espiritual.

É por meio da raiva e do ódio que transformamos as pessoas em inimigos. Costumamos pensar que a raiva surge quando encontramos uma pessoa desagradável, mas de fato é a raiva, que já está dentro de nós, que converte aquela pessoa num suposto inimigo. Alguém que é controlado por sua raiva está envolto numa visão de mundo paranoica, cercado por inimigos imaginários. A falsa crença de ser odiado por todos torna-se, às vezes, tão intensa que a pessoa é levada à loucura, vítima de sua própria delusão.

É comum que, num grupo de pessoas, alguém sempre acuse os outros por tudo o que acontece de errado, embora aquele que mais se queixa seja, em geral, o responsável pela desarmonia. Conta-se a história de uma velha tibetana que discutia e brigava com todos. Ela era tão desagradável que um dia foi expulsa de sua aldeia. Ao chegar a outro lugar, as pessoas lhe perguntaram: "Por que abandonaste tua casa?". Ela respondeu: "Porque o povo da minha aldeia era muito mau e tive que fugir deles". Os que a ouviram não acreditaram que um povo inteiro pudesse ser tão mau e concluíram que o problema estava nela. Temendo que viesse a criar desarmonia entre eles, deciram também expulsá-la.

É muito importante identificar a verdadeira causa da infelicidade que sentimos. Culpar sempre os outros por nossas dificuldades é um sinal inequívoco de que ainda temos muitos problemas e falhas em nossa mente. Se estivéssemos realmente em paz, com a mente sob controle, pessoas ou circunstâncias difíceis não nos perturbariam, e não nos sentiríamos compelidos a culpar os outros nem a considerá-los inimigos. Para alguém que dominou sua mente e erradicou por completo a raiva, todos os seres são amigos. Por exemplo, o Bodhisattva, cuja única motivação é beneficiar os outros, não tem inimigos. Pouquíssimas pessoas desejariam prejudicar um ser que é amigo do mundo, e mesmo que alguém viesse a maltratá-lo, o Bodhisattva não o consideraria um inimigo. Com a mente envolta em paciência, ele permaneceria calmo e imperturbável, e seu amor e respeito pelo agressor não diminuiriam. Esse é o poder de uma mente bem controlada. Portanto, a melhor maneira de nos livrarmos de nossos inimigos é cortar a raiva pela raiz.

Não devemos achar que essa tarefa é impossível. Confiando em tratamentos apropriados, muitas pessoas conseguiram se curar por completo de doenças físicas. Do mesmo modo, é perfeitamente possível erradicar a doença interna, a raiva, como fizeram muitos praticantes do passado. Existem métodos para nos livrar dessa grave delusão, e sua eficácia foi comprovada sempre que foram colocados sinceramente em prática. Assim, não há razão para que não funcionem também conosco.

Imaginem como seria o mundo se todos nós vencêssemos nossa própria raiva! O perigo de guerras desapareceria, exércitos tornar-se-iam desnecessários e os soldados teriam que procurar outro trabalho. Armas, tanques e bombas nucleares – instrumentos úteis para mentes raivosas – seriam destruídos e todos os conflitos, desde guerras entre nações até desavenças entre pessoas, acabariam. Se a conquista dessa harmonia e paz universal nos parecer utópica, podemos ao menos imaginar a tranquilidade que todos desfrutaríamos se nos livrássemos por completo dessa destruidora mente de raiva.

Tendo compreendido as inúmeras falhas da raiva, devemos sempre observar de perto nossa mente. Assim que notarmos que ela começou a ficar agitada – quando, por exemplo, nos detemos nas falhas de uma pessoa e a culpamos pelo nosso descontentamento –, devemos imediatamente nos lembrar das falhas da raiva. Recordando que sentir raiva não resolve nada e só cria mais sofrimento para nós e para os outros, devemos nos esforçar para pensar de uma maneira mais construtiva.

Se conseguirmos reconhecer uma linha de pensamentos negativos antes que eles se convertam numa explosão de raiva, será mais fácil controlá-los. Agindo assim, não correremos o risco de reprimir nossa raiva e transformá-la em ressentimento. Controlar a raiva e reprimir a raiva são coisas muito diferentes. A repressão ocorre quando a raiva já se desenvolveu plenamente, sem que tenhamos reconhecido sua presença. Fingimos para nós e para os outros que não estamos com raiva – controlamos a expressão externa da raiva, mas não a raiva em si. Isso é muito perigoso, porque a raiva continuará alojada sob a superfície da nossa mente, fortalecendo-se cada vez mais até, inevitavelmente, um dia explodir.

Quando controlamos a raiva, vemos exatamente o que está acontecendo em nossa mente. Reconhecemos de modo honesto nossos impulsos raivosos, entendemos que deixá-los crescer só resultará em sofrimento e tomamos uma decisão livre e consciente de reagir de modo mais construtivo. Se agirmos desse modo habilidoso, a raiva não terá chance de se desenvolver e, portanto, não haverá nada a ser reprimido. Se aprendermos a controlar e a superar nossa raiva, sempre encontraremos felicidade, tanto nesta vida como nas vidas futuras. Aqueles que desejam ser felizes deveriam, portanto, esforçar-se para livrar suas mentes do veneno da raiva.

Em resumo, enquanto nossa mente estiver repleta de raiva, não encontraremos felicidade em nenhuma vida. A raiva é nosso verdadeiro inimigo e, enquanto não a expulsarmos, ela continuará a nos causar terríveis sofrimentos. Portanto, em vez de culpar as circunstâncias externas ou os outros, considerando-os como inimigos, devemos reconhecer que a raiva dentro de nós é a verdadeira fonte do nosso sofrimento. Então, observando a mente com contínua-lembrança e vigilância, devemos aproveitar cada oportunidade para nos livrar dessa influência destrutiva.

*Ouça o precioso som da concha do Dharma
e contemple e medite no seu significado*

Por que Sentimos Raiva

PARA REDUZIR E finalmente erradicar nossa raiva, temos que atacá-la de dois modos. Primeiro, devemos reconhecer suas inúmeras falhas e considerar que nosso verdadeiro inimigo não é algo exterior, mas sim o veneno da raiva. Esse reconhecimento despertará em nós um desejo urgente de nos livrar da raiva o quanto antes. Se descobríssemos ter ingerido um veneno inadvertidamente, desenvolveríamos um desejo urgente de nos livrar dele, pois compreenderíamos o mal que iria nos causar. Ora, já que o veneno interior da raiva nos prejudica muito mais que qualquer veneno exterior – pois sua virulência nos afeta até em vidas futuras –, quão mais forte deveria ser nosso desejo de eliminá-la!

Em segundo lugar, precisamos entender exatamente como a raiva funciona e, tendo desvendado suas causas, contrapormo-nos a elas e eliminá-las. A causa raiz da raiva, bem como de todas as nossas delusões, é a ignorância do agarramento ao em-si inato – a visão equivocada que se agarra a nós mesmos e a todos os outros fenômenos como inerentemente existentes. Tendo vencido essa ignorância, não haverá mais motivo para que haja infelicidade, insatisfação ou delusões em nossa mente. O agarramento ao em-si é um hábito mental profundamente arraigado. Para erradicá-lo por completo, precisamos desenvolver uma realização direta da vacuidade, que é algo que não pode ser obtido da noite para o dia. No entanto, a raiva tem outras causas mais imediatas, com as quais podemos lidar desde já e, por isso, vale a pena nos concentrarmos nelas durante as etapas iniciais de nossa prática.

Raiva é uma reação a sentimentos de infelicidade, que, por sua vez, surgem toda vez que nos deparamos com circunstâncias desagradáveis. Sempre que não conseguimos satisfazer nossos desejos ou temos que encarar uma situação que nos desagrada – em resumo, sempre que somos obrigados a suportar algo que gostaríamos de evitar –, nossa mente se descontrola e reage sentindo infelicidade. Esse sentimento desconfortável pode facilmente se transformar em raiva e nos perturbar ainda mais.

É muito útil examinar em que tipo de situação nossa raiva surge. Veremos que, em geral, ela nasce quando nossos desejos são frustrados e não conseguimos obter aquilo que queremos. Por exemplo, um homem que anseie estar com quem ama ficará extremamente ressentido com qualquer pessoa ou situação que o impeça de fazê-lo. Se a pessoa amada se recusar a vê-lo ou resolver deixá-lo, sua infelicidade facilmente se converterá em ódio. É essencial aprender novas maneiras de lidar com frustrações e decepções. Uma vez que não é razoável esperar que consigamos satisfazer todos os nossos desejos e vontades, precisamos cultivar uma atitude mais realista e equilibrada frente aos nossos problemas.

Uma outra razão que nos faz sentir infelicidade e raiva é ser confrontado com situações indesejáveis. Todos os dias encontramos centenas de situações de que não gostamos, desde bater com o dedo do pé ou brigar com nosso companheiro até descobrir que nossa casa pegou fogo ou que estamos com câncer. Nossa reação normal a esses acontecimentos é sentir infelicidade ou raiva. Entretanto, por mais que tentemos, não podemos evitar a ocorrência de coisas desagradáveis. Nada nos garante que ao longo do dia não ocorra uma desgraça e não sabemos sequer se estaremos vivos quando o dia terminar. No *samsara*, não podemos controlar nada do que nos acontece.

Já que é impossível satisfazer todos os nossos desejos ou impedir que coisas inconvenientes aconteçam, precisamos encontrar uma maneira diferente de nos relacionar com desejos frustrados e acontecimentos indesejáveis. É preciso aprender a aceitação paciente.

Paciência é uma mente capaz de aceitar, plena e alegremente, qualquer acontecimento. É muito mais do que apenas cerrar os dentes diante dos fatos ou conformar-se com as coisas. Ser paciente significa acolher de todo o coração qualquer acontecimento, abandonando a ideia de que as coisas deveriam ser diferentes daquilo que são. Sempre é possível ser paciente. Não há situação tão ruim que não possa ser aceita pacientemente, com um coração aberto, afável e apaziguado.

Quando a paciência está presente em nossa mente, é impossível que pensamentos funestos se instalem. Há numerosos exemplos de pessoas que conseguiram praticar paciência até em circunstâncias extremas, como ao serem torturadas ou sofrerem as dores de um câncer. Embora seus corpos estivessem irremediavelmente arruinados, no íntimo suas mentes se mantinham em paz. Aprendendo a aceitar as pequenas dificuldades e privações da vida diária, nossa capacidade de aceitação paciente vai aumentar e conheceremos, por experiência pessoal, a liberdade e a alegria que a verdadeira paciência traz.

Se praticarmos a paciência de voluntariamente aceitar o sofrimento, conseguiremos manter a mente serena mesmo em situações de sofrimento e dor. Se pela força da contínua-lembrança sustentarmos esse estado mental apaziguado e positivo, mentes infelizes não terão como surgir. Por outro lado, se nos detivermos em pensamentos infelizes, não haverá como impedir o surgimento da raiva. Por essa razão, Geshe Chekhawa disse: "Confie sempre apenas numa mente feliz".

Como foi mencionado, o principal motivo da nossa infelicidade é não conseguir satisfazer nossos desejos ou ter que lidar com situações desagradáveis. Porém, como disse Shantideva no *Guia do Estilo de Vida do Bodhisattva*:

Se algo pode ser remediado,
Por que me infelicitar a esse respeito?
E se não houver remédio,
Continua não havendo razão para infelicidade.

Se pudermos reparar uma situação difícil ou desagradável, por que motivo ficaríamos infelizes? Por outro lado, se for completamente impossível corrigi-la ou se não conseguirmos satisfazer nossos desejos, ainda assim, de que servirá nos deixar perturbar? Em quê nossa infelicidade ajudaria? Essa argumentação pode ser aplicada a qualquer situação.

Aceitação paciente não significa necessariamente deixar de tomar medidas práticas para melhorar nossa situação. Se for possível fazer algo, então, é claro que devemos agir, mas enquanto o fazemos, não há razão para nos sentirmos infelizes e impacientes. Por exemplo, quando temos uma dor de cabeça, não há contradição entre praticar paciência e tomar um comprimido, mas até que o analgésico faça efeito, precisamos aceitar o desconforto com uma mente calma e paciente. Se, em vez disso, ficarmos infelizes e não aceitarmos a dor, nossa tensão aumentará, fazendo com que a dor se prolongue ainda mais. Enquanto estivermos no samsara, não poderemos evitar situações desagradáveis e difíceis e algum desconforto físico, mas, treinando nossa mente para encarar essas situações frustrantes de modo mais realista, conseguiremos nos libertar de muitos sofrimentos mentais desnecessários.

Existem inúmeras ocasiões em que facilmente desenvolvemos mentes infelizes. Sempre que nós ou nossos familiares e amigos somos maltratados, injuriados ou afetados por algum tipo de desgraça, costumamos reagir com infelicidade. O mesmo ocorre quando nossos relacionamentos são difíceis, quando temos problemas financeiros ou de saúde, quando perdemos algo que nos é caro, quando nos sentimos sozinhos ou não conseguimos tempo para ficarmos sós, quando não achamos trabalho ou temos trabalho demais, quando não conseguimos satisfazer nossos sonhos ou quando, ao satisfazê-los, ficamos com uma sensação de vazio e descontentamento, quando fracassamos ou quando o sucesso traz consigo mais estresse do que podemos suportar, ou quando nossos desafetos são bem-sucedidos. Essa lista é infindável! É bem possível que em todas essas situações a infelicidade nos faça sentir que a vida ou as pessoas são injustas, o que nos deixará ainda mais deprimidos.

Em vez de reagir cegamente pela força do nosso hábito emocional, deveríamos examinar se é útil ou realista ficarmos infelizes em tais situações. Não precisamos nos sentir mal só porque as coisas não acontecem como gostaríamos. Embora até agora essa tenha sido nossa reação frente às dificuldades, se reconhecermos que ela não é eficaz, ficaremos livres para reagir de modo mais realista e construtivo.

A aceitação paciente costuma ser vista como uma resposta fraca e passiva a problemas que não temos coragem de enfrentar e para os quais não temos soluções. Na realidade, contudo, a paciência está muito longe de ser uma atitude passiva. Não há nada de corajoso em reagir às dificuldades ou insultos com raiva – isso só mostra que estamos sendo derrotados por nossas delusões. Se, ao contrário, as enfrentarmos, recusando-nos a cair nos velhos hábitos mentais de intolerância e não-aceitação, estaremos assumindo uma postura forte e ativa.

Na realidade, a maioria de nossos problemas emocionais surge devido à nossa incapacidade de aceitar as coisas como elas são. Na realidade, mais do que tentar mudar o mundo exterior, a solução está em reagir com aceitação paciente. Por exemplo, muitos dos nossos problemas de relacionamento surgem porque não aceitamos nosso parceiro como ele é. Porém, a solução não é transformá-lo naquilo que gostaríamos que fosse, mas aceitá-lo plenamente. Existem muitos níveis de aceitação. Talvez já estejamos tentando lidar com suas idiossincrasias, evitando criticá-lo e concordando com a maioria de suas vontades. Mas será que, do fundo do coração, paramos de julgá-lo? Será que estamos completamente livres de ressentimento e reprovação? Não terá restado

COMO SOLUCIONAR NOSSOS PROBLEMAS HUMANOS

algum pensamento sutil de que ele poderia ser diferente do que é? A verdadeira paciência pressupõe deixar de lado todos esses pensamentos.

Se aceitarmos plenamente as pessoas como elas são, sem julgamentos ou reserva – tal como os seres iluminados nos aceitam –, não haverá base para conflitos nos relacionamentos. Problemas não existem fora da nossa mente; logo, quando paramos de julgar os outros como fontes de dificuldade, eles deixam de ser um problema. No espaço claro e calmo da mente de aceitação paciente, não existe a pessoa que, para uma mente de não-aceitação, é um problema.

Além de nos ajudar, a aceitação paciente ajuda também aqueles que são o objeto da nossa paciência. Ser aceito é o oposto de ser julgado. Quando somos julgados, automaticamente adotamos posturas rígidas e defensivas, mas, sentindo-nos aceitos, relaxamos e permitimos que nossas boas qualidades venham à tona. A paciência sempre soluciona nossos problemas interiores e, com frequência, soluciona também os problemas dos outros.

As maneiras de pensar apresentadas a seguir podem ser usadas para familiarizarmos nossa mente com a aceitação paciente.

Aplique grande esforço para alcançar a iluminação

Aprender a Aceitar o Sofrimento

HÁ TRÊS TIPOS de situação nas quais devemos aprender a ser pacientes: (1) quando estamos passando por sofrimentos, necessidades ou decepções, (2) quando estamos praticando o Dharma, e (3) quando somos criticados ou prejudicados pelos outros. A elas correspondem três tipos de paciência: (1) a paciência de voluntariamente aceitar o sofrimento, (2) a paciência de pensar definitivamente sobre o Dharma, e (3) a paciência de não retaliar. Essas três paciências não se manifestam facilmente e, à primeira vista, talvez nos pareçam estranhas. Contudo, depois de compreendê-las claramente e colocá-las em prática com sinceridade, conseguiremos nos livrar da raiva, uma das nossas mais obsessivas delusões, e sentiremos grande paz e alegria. Portanto, vale a pena persistir nessas práticas, ainda que inicialmente elas nos pareçam um pouco esquisitas e até artificiais.

Para praticar a primeira paciência – aceitar de bom grado qualquer sofrimento que não possa ser evitado –, devemos lembrar que no samsara poucas são as situações que trazem prazer e muitas as que causam tormentos. Essa é a verdadeira natureza do samsara – seus sofrimentos são infinitos e suas alegrias, limitadas. Além disso, nossas dores são o resultado de ações que nós mesmos cometemos no passado. Se esse sofrimento não fosse experienciado por nós, por quem mais o seria? É preciso, portanto, aprender a aceitar o que é inevitável, ao invés de lutar contra isso.

Se aprendermos a aceitar o sofrimento inevitável, pensamentos infelizes nunca virão nos atrapalhar. Existem muitas circunstâncias difíceis e desagradáveis das quais não podemos nos esquivar, mas certamente podemos evitar a infelicidade e a raiva que elas provocam em nós. O que perturba nossa paz e prática espiritual é a maneira como reagimos às adversidades, mais do que as adversidades em si.

Quando aprendemos a aceitar circunstâncias difíceis pacientemente, o verdadeiro problema desaparece. Por exemplo, suponhamos que o nosso corpo se encontre atormentado por uma doença dolorosa. Se tivermos uma maneira de aceitar a dor – por exemplo, encarando-a como um meio de esgotar o carma negativo –, nossa mente permanecerá em paz, apesar de o corpo estar sentindo dor. Ademais, como a dor física está estreitamente ligada ao estresse mental, conforme a mente relaxar descobriremos que a dor efetivamente cede e o corpo é capaz de curar a si próprio. No entanto, se nos recusarmos a lidar realisticamente com o desconforto, amaldiçoando nossa doença e caindo em depressão, não só teremos que enfrentar mais esse tormento mental adicional, como também é muito provável que a nossa dor física aumente.

Vemos, portanto, que reagir ao sofrimento com raiva e não-aceitação só piora as coisas. Porque destrói nosso mérito, ou potencial positivo, a raiva dificulta a satisfação dos nossos desejos e, já que nos leva a cometer ações negativas, semeia sofrimento futuro ainda maior. Em resumo, a raiva destrói a paz e felicidade que temos agora, rouba nossa felicidade futura e planta os sofrimentos que colheremos vida após vida.

Muitos são os benefícios da prática de aceitar pacientemente o sofrimento. Ela nos capacita a manter uma mente serena e positiva em circunstâncias penosas, além de nos ajudar a enxergar com clareza e imparcialidade a natureza da nossa situação no samsara. Podemos alcançar certa estabilidade mental simplesmente reconhecendo que

APRENDER A ACEITAR O SOFRIMENTO

toda experiência de dor ou desconforto deve-se ao fato de estarmos presos no samsara – ter nascido, viver e morrer num estado de desconhecimento e confusão.

Nosso verdadeiro problema não são as doenças físicas, os relacionamentos difíceis ou as dificuldades financeiras que talvez estejamos enfrentando, mas sim o fato de estarmos presos no samsara. Reconhecer isso é a base para desenvolvermos renúncia, o desejo espontâneo de nos libertar de qualquer insatisfação. Renúncia, por sua vez, é o que embasa todas as elevadas realizações espirituais conducentes à felicidade ilimitada da libertação e da iluminação. Mas esse reconhecimento só pode despontar na mente clara e aberta da aceitação paciente. Enquanto estivermos em conflito com as dificuldades da vida, pensando que as coisas deveriam ser diferentes do que são e culpando as circunstâncias e as outras pessoas por nossa infelicidade, nunca teremos a clareza e o espaço mental necessários para ver o que realmente nos mantém aprisionados. A paciência permite-nos enxergar claramente o padrão de hábitos mentais que nos mantêm presos no samsara e, assim, nos capacita a eliminá-los. Ela é, portanto, o fundamento da liberdade duradoura e do êxtase da libertação.

Normalmente, a urgência de fugir dos sentimentos desagradáveis é tão grande que não temos tempo para descobrir de onde eles vêm. Sentimo-nos imediatamente feridos quando ajudamos uma pessoa e ela é ingrata conosco, quando nosso amor não é correspondido ou quando nosso chefe ou um colega nos diminui e tenta minar nossa autoconfiança. Nessas situações, nossa reação instintiva é procurar escapar das sensações dolorosas, adotando uma atitude defensiva, culpando os outros, retaliando ou endurecendo nosso coração. Infelizmente, uma reação tão rápida não nos dá o tempo necessário para enxergar com exatidão o que está acontecendo em nossa mente. Na realidade, sensações dolorosas não têm tanta importância. Não passam de meras sensações, alguns instantes de mente nublada, que não podem nos causar nenhum mal definitivo. Não devemos levá-las tão a sério. Somos apenas uma pessoa em meio a incontáveis seres vivos, e os poucos instantes de sensações desagradáveis que temos não são uma grande tragédia.

Assim como o céu tem lugar para trovões, o vasto espaço da nossa mente também tem lugar para alguns sentimentos dolorosos; e, do mesmo modo que uma tempestade não pode destruir o céu, sensações desagradáveis não podem destruir nossa mente. Quando surgirem sentimentos dolorosos, não é preciso entrar em pânico. Podemos aceitá-los pacientemente, experienciá-los e investigar qual é a sua natureza e de onde vêm. Então, veremos que as sensações dolorosas não vêm de fora, mas nascem dentro da nossa própria mente. Circunstâncias exteriores ou pessoas não têm o poder de nos causar mal-estar; o máximo que fazem é desencadear os potenciais de sensações dolorosas que já estão dentro de nós. Esses potenciais, ou marcas cármicas, são resíduos das ações negativas que nós mesmos cometemos no passado porque estávamos sob o controle das delusões. Essas delusões, por sua vez, vêm da ignorância do agarramento ao em-si. Se aceitarmos pacientemente as sensações dolorosas sem nos aferrarmos a elas, os potenciais cármicos negativos dos quais elas derivam serão purificados e nunca mais teremos que experienciar esse carma novamente.

Além do mais, sensações dolorosas só podem surgir e permanecer em nós por causa do agarramento ao em-si do próprio eu. Se, ao experienciar emoções dolorosas, examinarmos nossa mente com atenção, veremos que elas estão invariavelmente misturadas com o agarramento ao em-si do próprio eu. O que nos faz sofrer é nosso agarramento a um *eu* e *meu* inerentemente existentes. As sensações de dor são inseparáveis do apego ao eu e ao meu. Sentimos intensamente "*eu* estou mal" ou "*meus* sentimentos foram feridos". A intensidade da dor é proporcional à intensidade do agarramento ao em-si do próprio eu. Este não pode ser interrompido de imediato, mas podemos minar sua força se nos distanciarmos o suficiente para ver que é o agarramento ao em-si do próprio eu que está criando o problema.

APRENDER A ACEITAR O SOFRIMENTO

Há uma enorme diferença entre pensar "eu estou mal" e pensar "sensações desagradáveis estão surgindo em minha mente". Quando nos identificamos com nossas sensações, nós as tornamos maiores e mais sólidas do que são, e é muito mais difícil largar esse sentimento desagradável. Por outro lado, quando aprendemos a encarar nossos sentimentos com um certo distanciamento, como se fossem apenas ondas no oceano da nossa mente, eles se tornam menos assustadores e conseguimos lidar com eles de maneira mais fácil e construtiva.

Não devemos desanimar com as dificuldades que podem surgir em nossa prática de paciência. Na Índia antiga, existiam muitos ascetas que suportavam dores incríveis e se autoflagelavam apenas para ganhar as graças de seus deuses. Hoje em dia, existem muitos desportistas, dançarinos, modelos e soldados que se submetem a imensos sacrifícios físicos para ter sucesso em suas profissões. É fácil lembrar de inúmeras pessoas dispostas a tolerar voluntariamente grandes sofrimentos só para ganhar dinheiro ou melhorar sua reputação. Se elas são capazes de aguentar imensas dificuldades em nome de metas tão limitadas, por que não podemos aceitar as dificuldades e os inconvenientes implícitos na busca da felicidade suprema da iluminação e do bem-estar de todos os seres vivos? Seguramente tal meta vale um pouco de sacrifício. Por que nos deixar desanimar pelas pequenas dificuldades da vida humana?

Familiarizando-nos com a prática da paciência de voluntariamente aceitar o sofrimento, nossos problemas e dificuldades desaparecerão. Tudo depende de familiaridade. Uma vez que estejamos familiarizados com algo, conseguiremos realizar isso sem nenhuma dificuldade. Se não aprendermos a aceitar os sofrimentos relativamente pequenos da nossa vida diária, teremos que enfrentar dores muito piores no futuro. Por outro lado, se aprendermos a ser pacientes com pequenos desgostos, como crítica, impopularidade e calúnia, aos poucos conseguiremos enfrentar dores maiores. Seremos por fim capazes de aceitar com uma mente calma e

COMO SOLUCIONAR NOSSOS PROBLEMAS HUMANOS

feliz todos os sofrimentos da vida humana, como calor, frio, fome, sede, doença, prisão, maus tratos físicos e até a morte. Dessa maneira, viveremos sem medo, sabendo que não há nada que não possa ser aceito e transformado em caminho espiritual.

Para aumentar a força da nossa aceitação paciente, Shantideva nos convida a refletir sobre uma analogia. Quando um soldado corajoso é ferido em batalha e vê seu próprio sangue, essa visão o faz vociferar desafiante e aumenta sua coragem e força. Por outro lado, um homem que não está habituado a lutar é desencorajado pela visão do sangue de outra pessoa e talvez se sinta tão fraco que até desmaie! Se ambos viram sangue humano, por que o soldado se enche de coragem e o outro homem fraqueja? A diferença deve-se à força da familiaridade. Quanto mais familiarizados estivermos com a aceitação paciente do sofrimento, mais a força da nossa paciência aumentará. Portanto, sempre que estivermos sofrendo, devemos nos lembrar dos ensinamentos sobre a paciência e, desse modo, impedir que tal sofrimento nos prejudique.

Sempre que uma pessoa sensata e decidida a realizar a iluminação se deparar com dificuldades ou circunstâncias adversas, ela as suportará sem deixar que isso perturbe sua paz mental. Devemos compreender que nossos inimigos mais letais são a raiva e as outras delusões. Por serem hábitos mentais profundamente enraizados, trabalhar para superá-las nem sempre é fácil. Quem deixou de fumar ou superou outros vícios sabe como é difícil lutar contra um mau hábito.

Um certo grau de sofrimento é, portanto, inevitável no decorrer de nossa prática espiritual, mas, se nos lembrarmos dos benefícios ilimitados de superar nossas negatividades, não será difícil aguentar esse sofrimento. Afinal, ele é insignificante quando comparado à dor que teremos de enfrentar se não vencermos nossa negatividade!

Uma pessoa que tolere o sofrimento e vença a raiva e demais delusões merece ser chamada de Herói ou Heroína. Costuma-se atribuir esse título a alguém que matou outros seres numa batalha, mas esse não é um verdadeiro herói, pois seus inimigos iriam morrer de qualquer maneira pela própria ação do tempo. O que ele fez, portanto, não foi muito diferente do que matar cadáveres. Contudo, os inimigos interiores, as delusões, nunca terão morte natural. Se não nos esforçarmos para livrar nossa mente desses tenazes inimigos, eles nos manterão trancados na prisão do samsara, como vêm fazendo desde tempos sem início.

Para quem deseja desenvolver realizações espirituais, o sofrimento tem inúmeras boas qualidades. Logo, para um praticante espiritual, sofrer não é necessariamente uma experiência negativa. Refletir sobre nosso sofrimento poderá nos trazer *insights* e muitas qualidades positivas. Reconhecer nossa vulnerabilidade afasta a arrogância e o orgulho deludido, e compreender que nossa dor é simplesmente um sintoma de estarmos no samsara nos capacita a gerar renúncia. Ademais, podemos usar nossa dor para entender a dor de todos os seres vivos. Depois de aceitar nosso sofrimento com paciência, se pensarmos na desgraça dos outros prisioneiros do samsara, compaixão surgirá naturalmente em nós.

Renúncia e compaixão são duas das mais importantes realizações espirituais, e o sofrimento nos ajuda a cultivá-las. Aqueles que não aprendem a encarar com coragem a verdade do sofrimento e a aceitar pacientemente os problemas que têm, além de se sentirem impotentes e infelizes, perderão a oportunidade de desenvolver autênticas realizações espirituais.

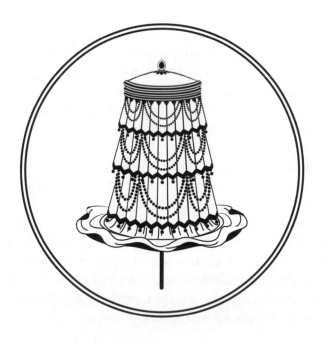

Seja vitorioso sobre o inimigo: as suas delusões

A Paciência de Pensar
Definitivamente sobre o Dharma

SEMPRE QUE PRATICARMOS o Dharma com uma mente paciente e alegre, estaremos praticando a paciência de pensar definitivamente sobre o Dharma. Essa paciência é necessária, porque praticar com insatisfação obstrui nosso progresso espiritual e nos impede de cultivar sabedoria. Mesmo que certos aspectos da prática nos pareçam difíceis, ainda assim devemos praticar com alegria.

No *Guia do Estilo de Vida do Bodhisattva*, Shantideva explica esse tipo de paciência de um ponto de vista ligeiramente diferente. Segundo sua explicação, praticamos essa paciência sempre que usamos as instruções do Dharma profundo, como a vacuidade e a relação-dependente, para aprofundar nossa experiência de paciência.

Esse tipo de paciência é importante, porque a sabedoria que realiza a vacuidade é o único método direto para erradicar delusões e sofrimento. Se usarmos a experiência de sofrimento físico e mental como uma oportunidade para aperfeiçoar nossa compreensão da vacuidade, não apenas a dor se tornará mais tolerável como nossa experiência da vacuidade se aprofundará consideravelmente. Em geral, quando sofremos, nosso agarramento ao em--si se manifesta mais intensamente que o normal. Isso o torna mais facilmente identificável e, desse modo, faz com que a meditação sobre a vacuidade produza um impacto mais profundo em nossa mente. Nosso sofrimento também nos força a olhar com mais atenção para a natureza e as causas efetivas da dor, aproximando-nos cada vez mais profundamente da verdade da vacuidade.

Quando alguém é afligido por uma doença como o câncer, sua dor física é imensa. O que causou essa dor foi a doença. Se alguém bate em nossa cabeça com uma vara, a dor também surge. O que causou essa dor foi a pessoa que empunhou a vara. Se a dor foi sentida em ambos os casos, por que somos mais propensos a sentir raiva da pessoa do que da doença?

A resposta mais óbvia é que não tem sentido ficar com raiva da doença, porque ela não optou por nos fazer sofrer. Quando todas as causas e condições são reunidas, a doença simplesmente surge; ela não é um agente independente, que opta por nos prejudicar. Por essa razão, a raiva não é, evidentemente, uma resposta adequada. Ora, se não ficamos com raiva da doença, também não devemos sentir raiva da pessoa que nos prejudicou. Por quê? Porque ela também não é um agente livre e independente, mas age unicamente sob o comando de suas delusões. Se tivermos que ficar com raiva de algo, que seja das delusões!

Assim como não escolhemos adoecer, a pessoa que nos bateu tampouco optou por sofrer da doença interior da raiva. Podemos pensar que há uma grande diferença entre nossa doença e a pessoa raivosa, já que a primeira não tem vontade de nos prejudicar, ao passo que a segunda indubitavelmente o tem. É preciso entender, contudo, que a pessoa que deseja nos prejudicar age sem escolha, pois está sendo totalmente controlada por sua raiva. Essa pessoa não decide: "Agora vou ficar com raiva". A raiva simplesmente surge e assume o comando de sua mente, sem lhe deixar nenhuma escolha.

Todas as falhas, delusões e não-virtudes nascem pela força de causas e condições; não se autogovernam. As condições que causam sofrimento não pensam em produzir sofrimento, tampouco o sofrimento resultante pensa: "Eu fui produzido pelas condições que se reuniram". Portanto, a pessoa raivosa, a raiva propriamente dita e o sofrimento resultante são totalmente destituídos de existência independente; eles existem unicamente na dependência de suas causas e condições.

A PACIÊNCIA DE PENSAR DEFINITIVAMENTE SOBRE O DHARMA

Todos os objetos de conhecimento, inclusive nossos estados mentais, são manifestações-dependentes; não possuem uma natureza própria independente, ou *autoexistente*. Portanto, não faz sentido reagir com raiva contra as pessoas ou situações que nos prejudicam sem escolha. Se treinarmos nossa mente a enxergar a natureza interdependente de todos os fenômenos, conseguiremos eliminar a causa de grande parte da nossa raiva.

Normalmente, achamos que há um agressor inerentemente existente prejudicando uma vítima inerentemente existente. Esse é um julgamento completamente errado. Na realidade, o agressor e a vítima são interdependentes e não possuem, em absoluto, nenhuma existência inerente ou independente. Se mentalmente tentarmos isolar o agressor de tudo o mais a fim de apontar alguém a quem possamos culpar, não conseguiremos fazê-lo, pois ele não possui uma existência independente dos demais elementos da situação. O agressor depende de suas delusões e do carma da vítima, que o impele a agir daquela forma naquele momento. Ele também depende das circunstâncias da situação, de seu histórico pessoal e familiar, da sociedade em que vive, de suas vidas anteriores e de estar aprisionado num corpo e mente *samsáricos*. Quando procuramos por um agressor, ele desaparece numa infindável teia de relações, causas e condições – não há uma pessoa inerentemente existente a ser acusada.

Do mesmo modo, a delusão que motivou o ataque, o ataque propriamente dito, a vítima e seu sofrimento são todos totalmente impossíveis de serem encontrados. Se formos atacados, sentiremos com intensidade que somos uma vítima, mas se procurarmos analiticamente por essa vítima, tentando isolá-la de tudo o mais, nada encontraremos. Não há nada que possa ser identificado como vítima. Onde esperávamos encontrar uma vítima inerentemente existente, descobrimos uma vacuidade, a absoluta não-existência de tal vítima. Vítima é apenas um rótulo, um termo na descrição convencional do evento, que só existe em relação aos demais termos, mas não em relação a algo real e encontrável. Quando analisamos a situação sob esse prisma, descobrimos que não há ninguém a ser acusado e ninguém de quem sentir pena. Tudo desaparece em uma mesma vacuidade, igual e indiferenciada, que é a verdadeira natureza de todas as coisas. Também é útil examinar a verdadeira natureza da dor. O que exatamente é a dor? Onde ela está localizada? Do que é feita? De onde vem e para onde vai? Qual é sua relação conosco, a pessoa que sente dor, ou com a mente que faz estas perguntas? A dor nos aparece como algo sólido e inegavelmente real – algo inerentemente existente –, mas quando a procuramos por meio de análise, tentando isolá-la mentalmente de tudo o que não é dor, não conseguimos encontrá-la.

A dor não tem existência independente, concreta. Essa ausência de existência inerente, ou vacuidade, é sua verdadeira natureza. Na vacuidade não há dor. Dor é meramente uma aparência, que só existe para uma mente que não enxerga a real natureza da dor. Assim como uma miragem no deserto desaparece quando vamos ao seu encontro, também a dor para de existir quando encontramos sua verdadeira natureza.

Todos os efeitos surgem de causas, e estas surgem de causas anteriores. Uma vez que causas e efeitos surgem na dependência de outras causas e condições, eles carecem completamente de existência inerente, ou independente. Embora todas as coisas pareçam existir do seu próprio lado, na realidade, elas são como ilusões. Se, quando as dificuldades surgirem, nos lembrarmos de vê-las sob esse prisma, entenderemos que a raiva e, de fato, todas as nossas delusões desaparecerão. Manter esses pensamentos presentes quando nos deparamos com situações que provocam raiva é parte da prática da paciência de pensar definitivamente sobre o Dharma.

Alguém poderia argumentar: "Mas se todas as coisas são aparências ilusórias, quem vai se abster da raiva? E de que raiva? Tudo isso seria inútil num mundo de ilusões". Esse raciocínio demonstra uma má compreensão do assunto. Mesmo que as coisas sejam como ilusões, desprovidas de existência própria, o sofrimento é experienciado. Só vamos superá-lo se nos esforçarmos para conter as delusões, como a raiva. Embora as coisas sejam destituídas de existência independente – na realidade, justamente *por causa* disso –, causa e efeito atuam trazendo sofrimento como resultado de ações não virtuosas e situações benéficas como resultado de ações virtuosas. Portanto, nunca é adequado nos deixar levar pela raiva, pois ela só planta sementes de infortúnio para o futuro.

Quando estivermos a ponto de ficar com raiva, devemos analisar a situação. Podemos nos perguntar: "Quem vai sentir raiva? Quem vai se abster da raiva? E de que raiva vai se abster?".

Dessa maneira, descobriremos que, na realidade, não há ninguém para sentir raiva e não há raiva da qual se abster. Como resultado, nossa raiva desaparecerá. Em última instância, não existe raiva, nem objeto de raiva e ninguém para sentir raiva. Convencionalmente, contudo, a raiva existe e produz sofrimento. Logo, ela precisa ser controlada.

Em resumo, sempre que formos prejudicados por alguém, devemos pensar: "É só por causa de sua delusão que essa pessoa está me prejudicando; ela não age livremente". Se, dessa maneira, entendermos que todas as coisas surgem de causas e condições, conseguiremos impedir o surgimento da raiva e manter um estado mental feliz em qualquer situação.

Se os fenômenos surgissem segundo sua própria escolha, livre e independente, nós, os seres sencientes, nunca sofreríamos, porque ninguém escolheria sofrer e todos prefeririam ter felicidade ininterrupta. Obviamente deve existir outra explicação para o nosso sofrimento. Não sofremos por escolha, mas porque nossa mente está controlada pela ignorância do agarramento ao em-si. Isso vem acontecendo desde tempos sem início, impedindo-nos de ver as coisas como elas realmente são e levando-nos a fazer todo tipo de ação inábil e inadequada.

É por essa razão que os seres vivos sofrem e fazem os outros sofrerem, e não porque tenham decidido livremente agir dessa maneira. Se entendermos profundamente esse ponto, nunca mais sentiremos raiva dos seres sencientes. Em vez disso, compaixão brotará em nosso coração.

Beneficie os outros girando a Roda do Dharma

Aprender a não Retaliar

Já discutimos as inúmeras falhas da raiva, as visíveis e as invisíveis, mas como podemos impedir que o desejo de retaliar, ou de nos vingar, surja quando alguém nos prejudica? A melhor maneira de superar esse desejo instintivo de revidar é combinar aceitação paciente e compaixão. Quando uma pessoa nos fere, além de reconhecer que ela age assim porque está deludida, devemos pensar que, agindo dessa forma, ela também está ferindo a si própria. Se nos exercitarmos a ver as coisas desse modo, sentiremos compaixão espontaneamente e todos os nossos impulsos de raiva e vingança diminuirão.

As pessoas prejudicam-se das mais variadas maneiras. Em sua busca por riqueza, posição social ou amantes, algumas se tornam tão obcecadas que param de comer e definham quase até a morte. Outras, dominadas por ambição ou raiva, são capazes de assassinar os próprios pais, destruindo qualquer esperança de ter uma vida feliz. Olhando ao nosso redor ou lendo os jornais, encontraremos inúmeros exemplos de pessoas que, governadas por suas delusões, se infligem sofrimentos inimagináveis. As delusões são completamente impiedosas e não beneficiam ninguém, muito menos aqueles que caem sob seu controle. Observando o que acontece com as outras pessoas, veremos claramente o quanto também somos prejudicados por nossas delusões. Se contemplarmos profundamente esse ponto, além de superar o desejo de retaliar também desenvolveremos grande compaixão por todos aqueles que nos prejudicam.

Sob a influência da raiva, alguém que normalmente aprecia a si mesmo mais do que tudo no mundo é até capaz de cometer suicídio. Se a força das delusões leva uma pessoa a tomar medida tão desesperada, não é difícil entender que a leve também a agredir os outros. Já que a raiva pode roubar tão radicalmente a liberdade de ação de alguém, é irracional hostilizarmos quem esteja sob seu comando. Se não pudermos sentir compaixão por esse infeliz, deveríamos, no mínimo, nos abster de ficar com raiva dele.

A capacidade de não perder a calma quando somos fortemente provocados e de sentir genuína compaixão por quem nos prejudica deliberadamente é sinal de elevadas realizações espirituais e resultado de grande preparo mental. Imaginar que podemos adquirir tal capacidade de imediato é uma suposição irrealista. Porém, se aproveitarmos cada oportunidade da nossa vida diária para treinar a mente nos métodos adequados para controlar a raiva, nossa paciência gradualmente vai aumentar. É claro que, ocasionalmente, os velhos hábitos de raiva nos derrotarão, mas não devemos desanimar. Se perseverarmos, é certo que aos poucos dominaremos nossa raiva. Finalmente, chegaremos ao ponto de nem precisar nos esforçar para não sentir raiva – ela simplesmente deixará de ser uma resposta natural a adversidades e provocações.

A primeira coisa a fazer é lembrar o tempo todo que a raiva é o principal inimigo de todos os seres. Ela não é amiga de ninguém. Nossa raiva nunca nos ajuda e a raiva dos outros tampouco os ajuda. Tudo o que ela faz é destruir as nossas virtudes e trazer-nos infelicidade. Um dos efeitos de agir sob o impulso da raiva é que, num renascimento futuro, como humano ou não, teremos um corpo disforme. Há pessoas e animais que naturalmente suscitam medo e aversão nos outros. Ter nascido com uma forma repulsiva, bem como ser detestado pelos outros ou ter um temperamento afeito à raiva são exemplos dos resultados cármicos de uma mente raivosa.

Por outro lado, um corpo atraente e uma aparência agradável resultam da prática de paciência.

Tendo reconhecido a raiva como o principal inimigo de todos, precisamos tomar a firme decisão de não deixá-la surgir. Lembrando dessa decisão em nosso dia a dia, vamos parar de sentir raiva. Falar pode parecer mais fácil do que fazer, mas se decidirmos que não vamos sentir raiva até o final do dia ou, pelo menos, até a próxima refeição, provavelmente conseguiremos realizar essa meta. Então, tendo vencido por um dia, poderemos tentar por dois, três, uma semana e assim por diante até o final da vida. Abandonar toda a nossa raiva é um grande desafio, mas se caminharmos passo a passo nessa direção, isso não será tão difícil. Gradualmente, a tendência à raiva vai se tornar cada vez mais fraca em nossa mente.

Quando uma pessoa nos faz mal, devemos examinar se ela é má por natureza ou se sua atitude é apenas algo temporário. No primeiro caso, não teríamos razão para sentir raiva dela. Ninguém culpa o fogo quando se queima, pois todos sabemos que a natureza do fogo é queimar. Do mesmo modo, se a natureza essencial de uma pessoa é ser maldosa, então, não há nada que ela possa fazer a respeito e, portanto, também não faz sentido ficarmos com raiva.

No segundo caso – se a nocividade do agressor for apenas uma falha temporária que surgiu como resposta a uma situação passageira –, também não há razão para ficarmos com raiva dele. Quando chove copiosamente, não ficamos com raiva do céu, pois entendemos que a chuva não é parte essencial de sua natureza. A chuva só cai do céu como resultado de circunstâncias temporárias, como temperatura, umidade e pressão atmosférica. Portanto, se a nocividade de nosso agressor não é parte essencial de sua natureza, então, de quem é a culpa quando ele nos fere? A culpa é da sua delusão.

Se uma pessoa nos batesse com uma vara, não deveríamos ficar com raiva dela? Essa seria a reação mais comum. Então, o que pensaríamos se um amigo nos aconselhasse a não fazê-lo, dizendo: "Não fique com raiva dessa pessoa, mas sim da vara! Ela foi a causa imediata dà sua dor". Seria difícil que tal argumento nos convencesse e provavelmente responderíamos: "A vara não me bateu por conta própria. Sem o homem a empunhá-la, ela não teria o poder de me ferir. É do homem que devo sentir raiva".

Se esse raciocínio nos impedir de ficar com raiva da vara, teremos de aplicá-lo também ao nosso agressor. Ele foi manipulado por sua raiva exatamente como a vara foi manipulada por ele. Praticamente sem controle sobre a própria mente, ele estava à mercê de suas delusões. A conclusão é que, se nos enraivecermos quando alguém nos agride, devemos dirigir essa raiva contra o verdadeiro causador da nossa dor – a própria delusão raiva. A ira direcionada contra as delusões de alguém – uma vez que tenhamos diferenciado claramente a pessoa de suas delusões e reconhecido que ela é vítima das mesmas – não é raiva de fato, mas uma forma enérgica de compaixão. Nosso desejo é proteger a pessoa contra seu inimigo interior, a raiva, e para fazê-lo recorremos a qualquer meio disponível, suave ou vigoroso.

É importante destacar que na prática da paciência de não retaliar, o foco principal é a nossa própria reação interna, mental, às experiências de dor e desconforto. Não está sendo sugerido que devamos aceitar passivamente agressões ou maus-tratos em nome da prática de paciência. Se pudermos impedir alguém de nos ferir ou de ferir a si próprio, certamente devemos fazê-lo. A questão que aqui se coloca é: "Como devo reagir depois de já ter sido agredido?". A prática de paciência e, sem dúvida, todos os ensinamentos de Buda visam oferecer proteção à mente. Em última instância, é a mente que determina se estamos felizes ou infelizes.

Outro poderoso método para superar a raiva e a vontade de retaliar é enxergar todas as situações indesejáveis como reflexos de nossas próprias falhas e defeitos. Se alguém nos insultar, por exemplo, podemos nos lembrar dos ensinamentos sobre o carma e pensar: "Eu não estaria sendo maltratado se não houvesse insultado alguém no passado". O mesmo raciocínio pode ser usado em relação a doenças, ferimentos e qualquer outro problema. Nossa habilidade de pensar assim depende de compreendermos os ensinamentos sobre a lei do carma e de estarmos familiarizados com eles. Quando tivermos firme convicção no carma e aceitarmos que sempre colhemos os resultados de nossas próprias ações, recebendo o bem pelo bem e o mal pelo mal, conseguiremos nos manter calmos e serenos até nas circunstâncias mais adversas. Seremos capazes de encarar com um certo alívio o prejuízo que sofremos, entendendo que nossa dor está saldando uma dívida muito antiga. Certamente isso é melhor do que ficar com raiva ou bravo, o que só acarretaria um débito futuro de mais dor e angústia.

Shantideva sugere que, sempre que alguém nos ferir fisicamente, devemos lembrar que o sofrimento que estamos experienciando possui duas causas imediatas: a arma usada contra nós e nosso próprio corpo. Já que o sofrimento surge apenas quando esses dois fatores se encontram, para qual deles devemos dirigir nossa raiva? Se é possível ficar com raiva do nosso agressor ou da arma que ele usa, por que não ficamos com raiva também do nosso corpo? Por outro lado, se nunca ficamos com raiva do nosso corpo, por que o fazemos em relação ao agressor e sua arma?

Para que esse argumento faça sentido, precisamos entender por que temos um corpo que pode ser tão facilmente prejudicado e que é tão suscetível ao desconforto e à dor. Nosso corpo humano é definido como um "corpo contaminado" porque é o resultado de causas contaminadas. Em vidas anteriores, desprovidos de sabedoria e impelidos pela ignorância do agarramento ao em-si e pelo anseio, criamos o carma para assumir o corpo humano contaminado que possuímos hoje. É da natureza de um corpo contaminado provocar sofrimento, assim como é da natureza de um carro velho quebrar. Uma vez que assumimos um corpo contaminado, o sofrimento físico é inevitável. Se quisermos evitar esse tipo de sofrimento no futuro, temos que criar o carma para obter um corpo puro e incontaminado. Ao contrário de um corpo contaminado, que nasce do carma impuro criado pela ignorância do agarramento ao em-si, um corpo não contaminado nasce do carma puro criado pela realização direta do vazio do si-mesmo. Contudo, até que tenhamos obtido um corpo assim, precisamos aceitar que o sofrimento físico é inevitável. Em vez de culpar as condições temporárias, como um espinho ou uma arma, devemos reconhecer que a base de qualquer dor física e desconforto é nosso corpo contaminado, fruto de nossas próprias ações passadas.

Todos nós desejamos ser felizes e nos livrar do sofrimento, mas, controlados por nossas delusões de apego, raiva etc., só criamos causas para sofrer. Todo o mal que nos acontece é o resultado das ações deludidas que nós mesmos criamos. Logo, é completamente inadequado culpar os outros pelo nosso sofrimento. Que razões temos, então, para ficar com raiva?

Todos os sofrimentos do samsara, incluindo os do mais profundo inferno, são produzidos por nossas ações. Os tormentos do inferno não são punições impostas de fora por algum deus ou demônio, mas uma criação da própria mente severamente perturbada daqueles que estão submetidos a tal suplício. Do mesmo modo, o sofrimento que experienciamos agora não nos foi imposto de fora, mas é apenas o resultado do nosso próprio carma negativo. Mesmo quando uma pessoa nos ataca, o que a impulsiona é o nosso próprio carma. Ela é um mero instrumento do nosso carma e, se o mal não viesse por seu intermédio, certamente chegaria até nós por um outro meio qualquer. As outras pessoas não são culpadas pelo nosso sofrimento. As únicas coisas que podemos culpar são nossas próprias delusões e ações negativas. Se desejamos evitar sofrimentos insuportáveis, a única atitude eficaz é abandonar todas as nossas delusões e falhas nesta mesma vida. Quando tivermos o controle da nossa mente, não haverá mais nada a temer no samsara.

Devemos tomar cuidado para não entender mal o ensinamento sobre culpar nossas delusões. Ações negativas e delusões são culpadas por tudo que dá errado em nossas vidas, mas isso não significa que *nós* sejamos os culpados. Somos vítimas das nossas delusões, e seria injusto culpar a vítima pelo erro do malfeitor. Por exemplo, se alguém nos roubar, isso é o resultado cármico de alguma ação de roubar que cometemos em vidas anteriores. Portanto, a culpa por termos sido roubados deve ser atribuída às nossas delusões e ações deludidas e, certamente, não a nós, a pessoa que somos agora. Não podemos sequer acusar aquela pessoa que fomos em alguma vida passada, pois ela também agia sob o controle de suas delusões. Mesmo assim, embora não faça sentido nos culpar pelos problemas e sofrimentos que vivemos agora, é nossa responsabilidade aceitar as consequências desagradáveis de nossas ações negativas passadas e lidar construtivamente com isso.

Outro meio para superarmos o desejo de retaliar consiste em examinar cuidadosamente quem sofre e quem se beneficia quando somos prejudicados por alguém. Em tais situações, funcionamos como o objeto que desencadeia a raiva da outra pessoa. Se não estivéssemos presentes, sua raiva não teria surgido. Por que ela ficou com raiva de nós? Raramente uma pessoa se enfurece conosco de modo inesperado e repentino – quase sempre fizemos algo que a ofendeu, o que, então, serviu como condição imediata para desencadear sua raiva. Entretanto, num nível mais profundo, ainda que nada tivesse sido feito, o amadurecimento do nosso carma negativo foi o que criou a situação propícia para que a pessoa ficasse com raiva e nos prejudicasse. O mal que sofremos é, portanto, o amadurecimento das nossas próprias ações passadas, não uma falta da outra pessoa. Sendo assim, ele deve ser aceito com paciência. Se agirmos desse modo, não apenas permaneceremos em paz agora, como também ficaremos livres desse carma negativo específico. A outra pessoa, na realidade, nos ajudou a purificar nosso carma negativo e a criar o carma imensamente positivo da aceitação paciente. Se for vista dessa maneira, a pessoa que nos prejudicou poderá ser considerada como fonte de nossa felicidade. Se superarmos nossa estreiteza e tivermos uma visão mais ampla do que está acontecendo, compreenderemos que suas agressões podem se tornar causa de grande benefício para nós.

O que ganha o agressor quando sente raiva de nós e nos prejudica? Porque lhe proporcionamos um objeto de raiva, ele vai encontrar infelicidade nesta vida e plantar sementes para um futuro renascimento inferior. Portanto, na realidade, nós o prejudicamos e ele nos beneficiou! Sendo assim, por que sentimos raiva dele? Prejudicando-nos, ele nos permitiu praticar paciência, pois nos ajudou a purificar nossa negatividade passada e a criar grande mérito. E nós, o que fizemos por ele? Servindo como seu objeto de raiva, deixamos que criasse imensa não-virtude, o que irá empurrá-lo para os reinos inferiores. Sentir raiva de um benfeitor tão desafortunado só pode ser o comportamento de uma mente confusa!

Se a verdadeira meta da nossa vida for a paz e a alegria duradouras da libertação e da plena iluminação, bens materiais terão pouco valor. Devemos considerar que a riqueza interior da virtude é o que mais nos interessa. O inimigo que nos permite praticar paciência e, assim, acumular inesgotáveis virtudes é um tesouro de incalculável valor. Sem ele, como desenvolveríamos a mente virtuosa de paciência? Sempre que alguém nos prejudica, abusa de nós ou nos critica, surge a oportunidade de criarmos imensa riqueza interior. Quem nos prejudicou deve, portanto, ser tomado por aquilo que realmente é – um aliado e benfeitor que satisfaz todos os nossos desejos.

A prática de não retaliar se choca com padrões mentais profundamente enraizados em nós e, portanto, não devemos nos surpreender se nossa mente reagir com inúmeras objeções. Shantideva antecipa e responde algumas delas como se segue:

Mesmo que eu pratique paciência quando alguém me prejudica, não terei que renascer nos reinos inferiores por ser seu objeto de raiva?
A resposta é não. Se pensarmos que um inimigo nos beneficia e praticarmos paciência em relação a ele, não estaremos acumulando não-virtudes. Já que não criamos uma causa não virtuosa, não experienciaremos um resultado de sofrimento.

Nesse caso, a pessoa que me prejudicou também não sofrerá as consequências de sua ação, uma vez que criou circunstâncias favoráveis para a minha prática de paciência.
Isso também não é verdade. Resultados cármicos são experienciados somente pela pessoa que fez a ação. Não existe maneira de a pessoa que nos prejudicou receber o fruto da nossa prática virtuosa de paciência. Se suas ações não eram virtuosas, como ele poderia colher resultados felizes?

Sendo assim, talvez o melhor a fazer quando alguém me prejudicar seja retaliar, pois dessa forma serei o seu objeto de paciência e poderei beneficiá-lo.
Essa noção é equivocada por vários motivos. Primeiro, porque ao retaliar estamos obstruindo nosso desenvolvimento espiritual, enfraquecendo a bodhichitta e fazendo com que nossa prática de paciência se degenere. Segundo, porque ninguém garante que, se revidarmos, nosso adversário praticará paciência. Uma vez que já se encontra num estado de espírito alterado, é provável que reaja com mais raiva ainda. Mesmo se ele praticasse paciência, isso não impediria a degeneração da nossa prática espiritual.

Tenho uma boa razão para ficar com raiva e retaliar quando alguém agride meu corpo. Meu corpo sente dor e, como minha mente pensa que este corpo lhe pertence, é legítimo que ela fique contrariada e queira retaliar.
Esse raciocínio não tem lógica. Se isso fosse verdade, então, por que ficamos com raiva quando alguém nos ofende com palavras? Palavras desagradáveis e vazias não têm, do seu próprio lado, poder para prejudicar nosso corpo ou nossa mente. Assim, por que desejamos retaliar?

Devo me vingar porque, ao ouvirem essas palavras ásperas e caluniosas, as outras pessoas não vão me ver com bons olhos.
Mesmo que elas o façam, seu desagrado não tem nenhum poder

para nos prejudicar, nem nesta vida nem nas vidas futuras. Assim, não há razão para ficarmos aborrecidos.

Se as pessoas não gostarem de mim e eu tiver má reputação, não poderei alcançar uma posição social elevada nem acumular riquezas. Logo, devo retaliar quando sou prejudicado.
Se nos vingarmos do mal e abandonarmos a prática de paciência, criaremos obstáculos ainda maiores à nossa busca por posição social e fortuna. A prática de paciência nunca atrapalha essas aquisições; ao contrário, ajuda-nos a conquistá-las. Se não retaliarmos, naturalmente obteremos boa reputação, posição respeitável e riquezas, tanto nesta vida como nas vidas futuras.

Além disso, não há nenhuma razão para gerar raiva enquanto buscamos bens materiais, pois, por mais que venhamos a obtê-los, tudo ficará para trás quando morrermos. O que vai restar e viajar conosco para o futuro são as marcas da raiva que imprimimos em nossa consciência. É muito melhor morrer hoje do que ter uma vida longa e repleta de ações não virtuosas.

Por mais longa que seja a nossa vida, é certo que um dia todos vamos morrer. Se uma pessoa sonha que viveu cem anos de felicidade e outra sonha que viveu um instante de felicidade, quando ambas acordam, suas experiências de sonho terão sido reduzidas à mesma coisa – nada restou de nenhuma delas. De modo similar, se tivermos uma vida longa e agradável ou uma vida curta e difícil, na morte tudo se equivale – a única coisa que vai nos ajudar é a força das nossas ações virtuosas. Embora possamos ter uma vida longa e plena, desfrutando da riqueza e dos prazeres que este mundo tem a oferecer, quando a morte chegar, vamos nos sentir como que roubados por um ladrão. Rumaremos para o futuro nus e de mãos vazias.

Não seria importante obter bens materiais agora para poder me sustentar e, assim, ter a oportunidade de praticar e purificar minhas falhas e acumular mérito?

Como foi dito anteriormente, se, na busca por riqueza material passarmos a vida cometendo ações não virtuosas e permitindo a degeneração das nossas boas qualidades, viver muito não terá nenhum sentido.

Se uma pessoa me impedir de acumular riqueza material, talvez eu não deva retaliar. Mas se ela manchar minha reputação, certamente devo reagir; caso contrário, aqueles que têm fé em mim vão perdê-la.

Ainda que retaliemos quando nós próprios somos abusados verbalmente, por que então não retaliamos, também, quando alguém é o objeto de abuso verbal, já que esse abuso verbal faz com que os outros percam a fé na pessoa ofendida? Não faz sentido ser paciente quando outra pessoa sofre abuso e impaciente quando o objeto de abuso somos nós. Todo abuso nasce de concepções equivocadas e, portanto, não há razão para responder a isso com raiva. Além do mais, seria absurdo imaginar que os outros teriam mais fé em nós vendo-nos retaliar!

Talvez eu possa praticar paciência quando eu próprio for o objeto da agressão, mas se alguém agredir as Três Joias, na condição de budista, certamente devo retaliar. Não pode haver nada de errado nisso!

Os Budas estão além de todo o mal, logo, é inadequado gerar raiva dos outros, mesmo que eles insultem as Três Joias, destruam imagens sagradas ou depreciem o Dharma de qualquer outra maneira. É claro que alguém capaz de cometer ações tão insensatas deve estar completamente dominado por suas delusões. Esse pobre infeliz não deve ser objeto da nossa raiva, mas sim da nossa compaixão.

Mesmo que pessoas muito próximas de nós, como um familiar, um amigo ou nosso Guia Espiritual, sejam prejudicadas, ainda assim, devemos nos abster de sentir raiva e de retaliar.

Precisamos compreender que isso é o amadurecimento de atos passados. É claro que, se estiver ao nosso alcance, devemos impedir os outros de fazer o mal, mas devemos agir assim por amor e compaixão, nunca por raiva. Praticar paciência não significa deixar que os outros cometam ações não virtuosas sem intervir; significa, apenas, que devemos proteger nossa própria mente contra a delusão da raiva.

Nossa dor pode ser causada por dois tipos de objeto: os animados e os inanimados. Então, por que dirigimos nossa raiva especialmente contra os objetos animados? Se tivermos paciência com uns, certamente poderemos aprender a fazer o mesmo em relação aos outros. Se uma pessoa, por ignorância, prejudicar outra, e esta, pelo mesmo motivo, ficar com raiva da primeira, qual estará certa e qual estará errada? Ferir os outros movido por raiva ou retaliar com indignação são ações que nascem da confusão da ignorância. Portanto, reagir com raiva a qualquer uma dessas ações é ilógico.

Tudo o que experienciamos depende de causas e condições. Tanto nós como nosso opositor criamos o carma para interagir em uma situação de confronto. Não há um agressor culpado ferindo uma vítima inocente, pois o agressor e a vítima estão ambos presos no mesmo doloroso cenário cármico. Portanto, nunca há motivo para nutrir ódio por nossos inimigos. Uma vez que tenhamos entendido essa verdade, devemos trabalhar pela felicidade de todos e gerar o desejo de que eles aprendam a viver harmoniosamente, amando-se uns aos outros.

Apego por pessoas queridas é causa frequente de raiva, pois costumamos retaliar em nome delas. Se uma casa se incendiar, a grama seca ao seu redor fará o fogo se alastrar para as casas vizinhas, queimando tudo o que encontrar pela frente. De modo similar, quando uma pessoa querida é prejudicada, a grama seca do apego traz seu infortúnio até nós e acende o fogo da raiva em nosso coração, um fogo que consumirá nossa riqueza de méritos. Para impedir que isso aconteça, não deveríamos criar objetos de apego.

No samsara, todo encontro leva à separação e tudo o que se junta acaba em dispersão. Sejamos ou não apegados à família e aos amigos, finalmente vamos ter que nos separar deles, antes ou depois da morte. Já que a separação é uma parte inevitável do renascimento humano samsárico, devemos estar preparados para aceitá-la. No *Guia do Estilo de Vida do Bodhisattva*, Shantideva dá o exemplo de um prisioneiro que está prestes a ser executado, mas que, pela intervenção de outras pessoas, recebe perdão e a sentença de ter uma das mãos decepada. Apesar do sofrimento de perder a mão, ele se regozija e se sente afortunado por ter a vida poupada. De modo similar, uma pessoa que experiencia os sofrimentos do reino humano, como o de ser separado dos objetos de apego, deveria considerar-se afortunada por ser poupada das desgraças muito maiores dos reinos inferiores.

Desistir dos objetos de apego significa abandonar o apego que está dentro de nós em relação a familiares e amigos. Não significa que devamos abandonar a relação com nossos entes queridos ou dar-lhes as costas quando estiverem em dificuldade. É importante manter e melhorar a relação que temos com os mais próximos, mas não se justifica ter raiva em nome deles. Quando somos apegados a alguém, precisamos dessa pessoa para nos sentir felizes, mas se ela estiver doente ou em dificuldade, não agirá de acordo com as nossas expectativas. É por isso que ficamos com raiva se alguém a prejudicar. Amor puro, que não está misturado com apego, não conduz à raiva. Quando uma pessoa a quem amamos sem apego é agredida, surge em nosso coração um poderoso desejo de protegê-la e ajudá-la, mas não raiva por quem a agrediu. Faremos o que for necessário para defendê-la, sem nenhum desejo de maltratar o agressor. O que precisamos fazer, portanto, é abandonar o apego por nossas pessoas queridas, nunca o nosso amor.

Mesmo que eu aprenda a aceitar o sofrimento da separação, não consigo me conformar com abuso e calúnia!
Se não pudermos aguentar esses sofrimentos relativamente leves, como resistiremos às terríveis dores dos reinos inferiores? E se não conseguimos suportar os sofrimentos dos reinos inferiores, por que continuamos a sentir raiva, criando assim as causas para tais

COMO SOLUCIONAR NOSSOS PROBLEMAS HUMANOS

renascimentos infelizes? No passado, porque estávamos confusos sobre a lei do carma e tínhamos a mente poluída pelos venenos da raiva e do apego, padecemos imenso sofrimento nesses reinos. No entanto, isso não nos trouxe nenhum benefício. Agora que obtivemos uma preciosa vida humana, temos uma oportunidade única de tornar nosso sofrimento significativo, transformando-o em caminho espiritual. Aceitando o sofrimento relativamente insignificante que experienciamos no reino humano e usando-o para aumentar nossa renúncia, compaixão e outras realizações espirituais, podemos conquistar rapidamente a suprema felicidade da plena iluminação e beneficiar todos os seres vivos. Compreendendo isso, devemos aceitar com boa vontade quaisquer infortúnios que surjam, mantendo uma mente feliz e serena.

A raiva frequentemente está ligada à inveja e, por isso, devemos tentar superar essas duas delusões. É muito fácil sentir inveja quando um rival faz sucesso ou é elogiado, mas por que a felicidade alheia deveria nos tornar infelizes? Se nos livrarmos de nossa visão egocêntrica por um instante e nos colocarmos no lugar do outro, ao invés de sentirmos a dor da inveja, iremos nos regozijar e compartilhar da felicidade da outra pessoa .

Quando alguém invejoso percebe o sucesso dos outros, seu coração é trespassado pela inveja. Ao contrário, uma pessoa que aprendeu a se regozijar com a boa sorte alheia sente unicamente felicidade. Ao ver a casa bonita ou o parceiro atraente de outrem, ela imediatamente fica feliz. O fato de lhe pertencer ou não é irrelevante. Quando um colega seu é elogiado ou promovido ou quando encontra alguém mais inteligente, bem-apessoado ou bem-sucedido, em vez de se lembrar de suas imperfeições, ela simplesmente compartilha a felicidade da outra pessoa.

Regozijar-se com a felicidade e as boas qualidades alheias é, dentre todas as mentes virtuosas, uma das mais puras, pois não está maculada pelo autoapreço. Em outras práticas, como na de generosidade, por exemplo, talvez esperemos receber algo em troca – gratidão, apreço ou o reconhecimento de que somos generosos. Regozijando-nos com os outros, ao contrário, não esperamos nada para nós.

Quando nos regozijamos com a boa sorte alheia, criamos causas para desfrutar boa sorte similar no futuro e, quando nos regozijamos com as suas boas qualidades, criamos causas para desenvolver as mesmas qualidades. Diz-se que alguém que aprecie e se regozije com as boas qualidades de praticantes espirituais e de seres realizados será um puro praticante espiritual em sua próxima vida. Além de ser a maneira mais fácil de aumentar nosso mérito, a prática de regozijo delicia todos os Budas e é o método supremo para que tenhamos um amplo círculo de amigos.

Quem não gosta de ver a felicidade alheia não deveria pagar o salário de seus empregados, já que isso os deixa felizes. Contudo, sabemos que, se não pagarmos nossos empregados, eles vão se recusar a trabalhar e, desse modo, teremos muitos problemas agora e no futuro. Regozijar-se quando os outros são elogiados é equivalente a pagar salários justos, pois agrada tanto aos outros quanto aos nossos interesses.

Quando alguém nos elogia e fala sobre nossas boas qualidades, ficamos felizes. Uma vez que todos gostam de receber elogios, deveríamos nos alegrar também quando isso acontece com os outros. Nossa inveja inútil é a única coisa que nos priva de sentir alegria quando eles são elogiados. Sentir inveja é particularmente absurdo para quem gerou a bodhichitta. Se nossa aspiração é beneficiar todos os seres vivos, por que nos sentiríamos infelizes quando alguém, por seu próprio esforço, encontra um pouco de felicidade? Já que prometemos conduzir todos os seres vivos ao estado da Budeidade – no qual serão adorados e louvados por incontáveis seres –, é ridículo invejarmos seus prazeres temporários e ficar com raiva deles!

Pais são responsáveis pelo bem-estar de seus filhos, mas quando estes se tornam capazes de se cuidar e ganhar a vida sozinhos, os pais se congratulam. Alegram-se com as conquistas dos filhos e não sentem inveja deles. Do mesmo modo, se desejamos conduzir

COMO SOLUCIONAR NOSSOS PROBLEMAS HUMANOS

todos os seres vivos aos estados afortunados de existência, à libertação e à iluminação, não faz sentido sentir inveja e raiva quando eles obtêm um pouco de felicidade para si. Como pode alguém que sente raiva em tais ocasiões dizer que está praticando o estilo de vida do Bodhisattva? Enquanto nossa mente estiver repleta de inveja, não conseguiremos desenvolver o precioso coração de bodhichitta.

Quando a inveja, o ódio e as demais delusões surgem, nossa bodhichitta automaticamente se degenera. Se estamos realmente interessados em seguir o caminho que conduz à iluminação, temos que fazer tudo o que estiver ao nosso alcance para derrotar essas delusões rápida e completamente.

A inveja é uma das delusões mais sem sentido e estéreis. Não temos nada a ganhar sentindo inveja da boa fortuna, do cargo, da reputação ou do sucesso das outras pessoas. Vamos supor que alguém dê dinheiro a um rival nosso. Sentir inveja ou infelicidade não mudará em nada a situação nem fará com que o dinheiro dele venha parar em nossas mãos. Então, por que invejá-lo? Além do mais, ter inveja e, ao mesmo tempo, almejar riquezas e posses são estados mentais contraditórios. Isso porque a causa principal de riquezas, posses e coisas agradáveis é a prática de acumular virtudes, que é feita por meio das ações de generosidade, regozijo, apreço e respeito pelos outros. Ora, toda vez que, levados por nossa visão autocentrada, sentimos forte inveja, comprometemos as potencialidades deixadas por aquelas ações virtuosas, e nossas chances de colher boa fortuna no futuro diminuem ou são destruídas. Portanto, se estivermos realmente interessados em obter boa sorte, riqueza e outros bens no futuro, temos que proteger a nossa mente com muito cuidado e, ao invés de permitir que inveja pela felicidade dos outros surja em nossa mente, devemos nos regozijar.

Também não há razão para nos sentirmos felizes com o sofrimento do nosso inimigo, pois essa forma negativa de pensar não poderia feri-lo nem nos beneficiar. Ainda que pensássemos "que bom que ele está sofrendo", isso nunca iria prejudicá-lo. E, mesmo se ele fosse prejudicado, como isso poderia nos trazer felicidade?

Mas se meu inimigo sofrer, ficarei satisfeito.

Ideias como essa jamais nos trazem felicidade. Pelo contrário, não há nada que nos prejudique mais do que nos deixar levar por esse tipo de pensamento pequeno e mesquinho, que só serve para nos arrastar para os reinos inferiores.

Se eu não retaliar quando sou prejudicado, o que vão pensar de mim? Continuarei a ser admirado? Será que minha popularidade e reputação não irão diminuir?

Ainda que uma das razões principais para retaliar seja defender nossa reputação, na realidade, vamos protegê-la melhor praticando paciência. Quando os outros virem que temos força de caráter e estabilidade para enfrentar críticas, calúnias ou abusos sem perder o equilíbrio e o bom humor, seu respeito por nós aumentará. Quando atores ou políticos são criticados e precipitadamente se lançam em processos por calúnia, será que nossa admiração por eles aumenta? Provavelmente, iríamos respeitá-los mais se eles se levassem menos a sério e soubessem aceitar críticas sem perder sua dignidade e paz mental. Paciência é uma força, não uma fraqueza. Se abandonarmos nossos ímpetos de vingança quando os outros nos criticam ou prejudicam, as pessoas se darão conta de que há algo especial em nós.

Não vale a pena sentir raiva e se aborrecer por causa de elogios e reputação. É verdade que boa reputação, riquezas e uma posição social respeitável nos fazem bem e, como toda experiência de prazer, são o resultado de ações habilidosas e virtuosas que fizemos no passado. Contudo, se nosso apego por tais condições nos forçar a sentir raiva quando elas forem ameaçadas, elas deixarão de ser benéficas e se converterão em mais causas de sofrimento. Devemos compreender que não são as boas circunstâncias exteriores em si que nos tornam felizes, mas a maneira como nossa mente se relaciona com elas. Qualquer um que tenha uma vaga ideia sobre nosso potencial de desenvolvimento mental jamais se contentará com conquistas insubstanciais. Portanto, devemos abandonar o apego por coisas sem sentido e, já que temos esta preciosa forma humana, praticar a essência do Dharma e remover as delusões de nossa mente. Como podemos permitir que nosso apego pelo prazer insignificante de algumas poucas palavras de elogio se interponha no nosso caminho rumo ao êxtase ilimitado da iluminação?

Em nome de fama e reputação, algumas pessoas sacrificam vultosas somas de dinheiro e até a própria vida, mas de que serve sacrificar tanto em troca de palavras ocas? Quem será beneficiado se morrermos nessa busca por fama e glória? Buda chama de infantis os que exultam quando são elogiados e ficam infelizes e raivosos quando criticados. Crianças adoram construir castelos de areia à beira do mar, mas quando a maré sobe e as ondas varrem seus montes de areia, elas choram, decepcionadas: "Meu castelo sumiu". Se deixarmos que nossa mente seja varrida de um lado para outro pelas ondas do elogio e da crítica, estaremos agindo tão tolamente quanto essas crianças.

Embora não faça sentido ficar com raiva ou nos aborrecer quando somos criticados ou caluniados, há ocasiões em que se faz necessário defendermos nossa reputação, explicando a verdade. Suponhamos que um político motivado por um sincero desejo de servir o seu povo seja falsamente acusado de corrupção e má conduta. Se ele não tomar as providências cabíveis para se defender, poderá perder seu cargo e, com isso, a oportunidade de ajudar muitas pessoas. Ciente disso, sem raiva ou vontade de retaliar, ele explicará à opinião pública que tais acusações são completamente infundadas.

Por que nos alegramos tanto quando o mero som de algumas palavras de elogio chega aos nossos ouvidos? Afinal, o som em si não possui mente e não tem a intenção de nos elogiar.

Se a pessoa que me elogiar estiver feliz em fazê-lo, também devo me alegrar.
Mas o prazer dela está inteiramente em sua própria mente e não nos beneficia nem agora nem no futuro.

Ainda assim, está certo nos alegrarmos com o prazer alheio. Você acabou de dizer que devemos nos regozijar quando os outros estão felizes.

Isso é verdade, e devemos familiarizar nossa mente com tal atitude até que possamos nos regozijar, inclusive, com a felicidade de nossos rivais. Não faz sentido ter uma mente que discrimina de modo errôneo e fica feliz quando os amigos são elogiados, mas sente inveja quando o elogio é dirigido aos inimigos. Ademais, saborear elogios é um comportamento infantil.

Embora, em geral, boa reputação, status elevado e riqueza sejam considerados benéficos, na realidade eles podem dificultar a conquista da iluminação porque distraem nossa mente, desviando-nos do caminho espiritual. Como resultado de nos fixar na busca por reputação e coisas do gênero, é provável que nossa renúncia se enfraqueça e mentes de orgulho, competitividade e inveja se instalem. Tais distrações fazem nossas virtudes diminuírem e obstruem nossa habilidade para ajudar os outros. Apegados à boa reputação, status, fortuna etc., cairemos nos reinos inferiores e permaneceremos presos no pântano do samsara.

Para uma pessoa que esteja tentando praticar o Dharma puramente, o melhor é ficar longe desses obstáculos e distrações. Quem nos ajuda a refrear o apego por eles senão a pessoa que nos prejudica? Ao nos impedir de obter boa reputação e outras aquisições mundanas, ela nos ajuda a fortalecer nosso desejo de alcançar a libertação e a iluminação. Forçando-nos a praticar paciência, essa pessoa é nosso melhor professor. Ela nos leva a eliminar o apego por reputação e fama e a cortar as amarras do samsara. Impede-nos de criar causas para renascer nesse pântano de sofrimento e nos ajuda a criar as causas para conquistarmos a plena iluminação. Considerando aquele que nos prejudica como um Guia Espiritual que nos beneficia de tantas maneiras, devemos abandonar qualquer traço de raiva por esse nosso melhor amigo.

Por que devo pensar naquele que me prejudica como meu melhor amigo? Quando me prejudica, ele interrompe minha prática de Dharma, impede-me de acumular mérito e atrapalha minha prática de dar e de outras virtudes. É evidente que essa pessoa não é meu amigo nessas ocasiões.

Seu raciocínio está errado outra vez. A oportunidade de praticar paciência – um dos elementos mais importantes do caminho espiritual – surge unicamente devido à bondade de uma pessoa como essa. Ao nos dar a chance de praticar paciência, essa pessoa difícil nos ajuda a criar mérito em abundância. Se retaliarmos, perderemos tal oportunidade. Sem alguém para testar nossa paciência, ela nunca vai melhorar, e sem que a aperfeiçoemos, jamais realizaremos a iluminação. Portanto, é um equívoco pensar que uma pessoa difícil possa interromper nossa prática de Dharma. Afinal, pessoas necessitadas não são obstáculos para quem deseja praticar generosidade, da mesma forma que abades não são obstáculos para quem deseja se ordenar. Ao contrário, são condições absolutamente necessárias.

Costumamos subestimar o valor da paciência. Alguém pode interromper nossa sessão de meditação ou nosso estudo de Dharma, mas nunca nos privará da oportunidade de treinar em virtudes interiores, como a paciência. Esse treino interior, mais do que as atividades exteriores virtuosas, é a essência da prática de Dharma. Se entendermos realmente o valor da paciência, jamais nos aborreceremos diante da oportunidade de praticá-la. Ainda que não tivéssemos a chance de estudar ou de meditar durante toda a vida, mas aprendêssemos a praticar a aceitação paciente em todos os momentos do dia, faríamos rápidos progressos no caminho à iluminação. Por outro lado, se passássemos a vida inteira estudando e meditando mas nunca praticássemos paciência, nossa prática espiritual permaneceria superficial e inautêntica.

Em geral, a paciência é uma virtude mais poderosa do que a generosidade, porque o objeto de paciência é mais difícil de ser encontrado. Existem muitos pobres a quem podemos dar ajuda, mas quantas pessoas estão tentando nos prejudicar, dando-nos assim a oportunidade de praticar paciência? Devemos pensar sobre o quanto é raro encontrar os objetos de paciência e reconhecer que nosso inimigo é uma fonte de inesgotável riqueza interior, além de um verdadeiro professor no caminho ao insuperável êxtase da iluminação. Em vez de ver aquele que testa nossa paciência como um obstáculo à nossa prática espiritual, devemos constantemente nos lembrar de sua bondade e sentir alegria por tê-lo encontrado. Ele viabiliza nossa prática de paciência e deveríamos dedicar-lhe todo o mérito que surja dessa oportunidade.

Mas, já que meu inimigo não tem intenção de me ajudar a praticar paciência, não tenho motivo para respeitá-lo.
Se essa objeção fosse válida, seguir-se-ia que também não teríamos razão para respeitar o sagrado Dharma, pois ele tampouco tem a intenção de nos ajudar.

Isso é completamente diferente. Meu inimigo alimenta intenções maldosas contra mim, ao passo que o sagrado Dharma não o faz.
Mas são justamente as intenções maldosas do nosso inimigo que nos dão oportunidade de praticar paciência. Se um inimigo só nos fizesse o bem, agindo como um médico que sempre beneficia seu paciente, nunca teríamos a oportunidade de fazer o treino de não retaliar. Portanto, embora esse inimigo não tenha a intenção de ajudar nossa prática, ele é, ainda assim, um objeto de veneração tanto quanto o sagrado Dharma.

Buda Shakyamuni disse que existem dois campos para cultivarmos uma plantação de virtudes: o campo dos seres iluminados e o campo dos seres sencientes. Desenvolvendo fé no primeiro e empenhando-nos para beneficiar o segundo, tanto nossas metas quanto as dos outros serão satisfeitas. Esses dois campos são semelhantes, porque ambos produzem benefícios e devem ser cultivados se quisermos realizar a iluminação.

Se os dois Campos de Mérito são igualmente valiosos, por que fazemos oferendas e prostrações aos Budas e não aos seres sencientes?

Não estamos afirmando que seres iluminados e seres sencientes tenham as mesmas qualidades, o que obviamente não é o caso. Eles são similares porque ambos são causas de iluminação e é nesse sentido que ambos são igualmente merecedores do nosso respeito.

Quando damos coisas materiais, amor, proteção ou ensinamentos espirituais aos seres sencientes, referimo-nos a isso como "a prática de dar", e quando damos algo aos seres iluminados, referimo-nos a isso como "fazer oferendas". Um Bodhisattva, no entanto, considera suas ações de dar como se fossem oferendas aos seres sencientes, pois compreende o quanto são valiosos e sente gratidão pelos benefícios que deles recebe. Ele reconhece que os frutos de sua prática espiritual amadurecem graças aos seres vivos, os objetos do seu treino. É por isso que os seres sencientes e as Três Joias são, para o Bodhisattva, um Campo de Mérito.

Buda explicou que respeitar um ser que desenvolveu a mente de amor ilimitado é fonte de incomensurável mérito. Já que essa pessoa se preocupa com o bem-estar de incontáveis seres vivos, qualquer serviço que lhe prestemos vai, indiretamente, favorecer todos esses seres. Quem socorre uma mãe que tem muitos filhos ajuda indiretamente todas as suas crianças; do mesmo modo, quem auxilia uma pessoa que tem grande coração ajuda indiretamente todos os seres vivos. Além disso, já que uma mente de amor ilimitado só pode ser desenvolvida na dependência de seu objeto – os incontáveis seres vivos –, todo o mérito que criamos ao venerar alguém que alcançou essa realização de amor deve-se à bondade de todos os seres vivos.

Outra maneira de criar infinito mérito é gerar fé nos Budas e respeitá-los, porque suas qualidades são inconcebivelmente vastas e profundas. Uma vez que respeitar os Budas e os seres sencientes cria mérito ilimitado e nos leva à conquista da plena iluminação, desse ponto de vista, eles são iguais. Entretanto, não há dúvida de que eles são diferentes no sentido de que os seres sencientes não possuem as infinitas qualidades de um Buda.

As qualidades de um Buda são tão vastas que alguém que possua ainda que uma ínfima parte delas é digno de grande devoção. Embora a maioria dos seres sencientes não tenha nenhuma das excelentes qualidades de uma Buda, ainda assim eles são dignos do nosso mais profundo respeito e devoção, pois partilham a função de ser nosso Campo de Mérito. Já que os seres sencientes são absolutamente essenciais, tanto para nossa felicidade cotidiana como para a conquista da plena iluminação, certamente é adequado respeitá-los como faríamos com um Buda.

Por bondade, os compassivos Budas revelam o caminho espiritual e, desse modo, incontáveis seres vivos têm a oportunidade de estudar seus ensinamentos e realizar a iluminação. Como retribuir essa bondade infinita? A maneira perfeita de fazê-lo é gerar amor e compaixão por todos os seres vivos, já que o único interesse dos Budas é o bem-estar de todos eles. Em vidas anteriores, enquanto seguia o Caminho de um Bodhisattva, Buda Shakyamuni deu a vida repetidas vezes para o benefício dos seres vivos. Como podemos maltratar aqueles por quem Buda sacrificou a própria vida? Mesmo quando os outros nos prejudicam, devemos nos abster de retaliar e, em vez disso, tentar responder com respeito, amor e ajuda. Se aprendermos a agir assim, todos os Budas ficarão deleitados.

Foi por seu infinito amor e compaixão por todos os seres sencientes que Buda Shakyamuni abandonou tudo e partiu em busca da plena iluminação. Depois de alcançar a Budeidade, ele prosseguiu cuidando de todos os seres com amor ilimitado, mais forte até que o amor de uma mãe por seu filho mais querido. Se os seres vivos são dignos do amor de um Buda, então é óbvio que nós, seres comuns, também devemos respeitá-los. Como pensar em prejudicar aqueles que são o objeto do amor e dos cuidados de todos os Budas? Já que os Budas, com sua ilimitada sabedoria, poder e boas qualidades, dedicaram a vida integralmente a serviço dos seres sencientes, deveríamos, da mesma forma, considerar um privilégio servir os seres sencientes.

Não faz sentido confiar em Buda e continuar prejudicando os seres vivos. É como ser bondoso com uma mãe e pelas costas bater em seus filhos. Do mesmo modo que prejudicamos uma mãe ao maltratar seus filhos, desagradaremos os Budas se tivermos intenções negativas em relação aos seres vivos. Fazer oferendas aos Budas e prejudicar os outros seres é como dar flores a uma mãe e depois torturar seus filhos.

No *Guia do Estilo de Vida do Bodhisattva*, Shantideva resume as conclusões que devemos extrair do que foi apresentado numa prece sincera:

> Portanto, uma vez que causei prejuízo aos seres vivos,
> O que descontentou os compassivos Budas,
> Hoje, eu confesso todas e cada uma dessas não-virtudes –
> Por favor, ó Compassivos, perdoai-me por vos ter
> assim ofendido.

> De agora em diante, para deleitar os *Tathagatas*,
> Decididamente, vou me portar como um servo de todos
> os seres vivos.
> Mesmo que as pessoas me chutem ou me humilhem,
> Agradarei os Budas por não retaliar.

Uma das técnicas mais poderosas para desenvolver e manter a bodhichitta é a meditação denominada "trocar eu por outros". Não há dúvida de que os Tathagatas – os compassivos Budas – realizaram essa prática plenamente e, tendo abandonado o autoapreço, apreciam os seres vivos mais do que a si mesmos. Por serem objetos de apreço dos Budas, os seres sencientes são preciosos. Se os Budas, com sua perfeita sabedoria, enxergaram que os seres sencientes são dignos do seu infinito amor e respeito, então, é óbvio que eles são merecedores também do nosso respeito.

APRENDER A NÃO RETALIAR

Quem pratica a paciência de não retaliar quando é prejudicado e respeita todos os seres vivos como se fossem seres iluminados agrada todos os Budas e afasta os tormentos do universo conquistando a plena iluminação. Por essa razão, devemos sempre praticar paciência.

O que significa respeitar os seres sencientes da mesma maneira que respeitamos um Buda? Certamente, não seria apropriado fazer prostrações de corpo inteiro diante de todas as pessoas que encontramos. Contudo, podemos sempre respeitá-las mentalmente, lembrando que são o objeto de amor dos Budas e a causa para que nós mesmos alcancemos a iluminação. Logo, devemos tentar amar todos os seres e satisfazer seus desejos. Além disso, todos os seres sencientes foram nossas mães muitas vezes e demonstraram indizível bondade para conosco. Todos eles merecem, portanto, nossa gratidão, amor e paciência.

Se nos lembrarmos da bondade de todos os seres sencientes e tentarmos agradá-los sempre que pudermos, encontraremos felicidade nesta mesma vida. Os outros irão nos respeitar, nossa fama vai se espalhar amplamente e obteremos abundantes riquezas e posses. Finalmente, como resultado de nossas ações virtuosas, alcançaremos o supremo êxtase da Budeidade. Mesmo se não realizarmos a Budeidade nesta vida, onde quer que renasçamos colheremos os benefícios de ter praticado paciência. Teremos um corpo bonito e viveremos rodeados por um círculo de amigos e estudantes devotados. Também teremos boa saúde e vida longa.

Em suma, sempre que enfrentamos provações, perturbações ou doenças, devemos refletir sobre os problemas de não aceitar essas situações e sobre os benefícios de ser paciente com o sofrimento. Então, precisamos aplicar a força oponente adequada – meditar na paciência de voluntariamente aceitar o sofrimento. Para aperfeiçoar e finalmente completar nosso treino em paciência, devemos meditar nos ensinamentos de Buda sobre a vacuidade e a interdependência de todos os fenômenos e, desse modo, praticar a paciência de pensar definitivamente sobre o Dharma. Sempre que alguém nos prejudicar, precisamos nos lembrar das inúmeras desvantagens da raiva e de desagradar os seres sencientes e superar tudo isso confiando na paciência de não retaliar.

Praticando sinceramente esses três tipos de paciência, extrairemos o sentido mais grandioso do nosso precioso renascimento humano e não perderemos mais tempo com o samsara, a roda de sofrimento e insatisfação. Nestes tempos degenerados, quando as causas de sofrimento são abundantes e raro é o dia que não experienciamos problemas físicos ou mentais, a prática de paciência é de suprema importância. Aceitando com paciência todas as dificuldades e agressões, vamos rapidamente enfraquecer nosso autoapreço e agarramento ao em-si e, assim, permitir que o grande coração de compaixão e bodhichitta se expanda. Em meio a este mundo cada vez mais problemático, todas as qualidades da iluminação irão despertar em nossa mente e nos tornaremos verdadeiramente capazes de beneficiar os outros.

Dedicatória

Pelas virtudes que acumulei ao escrever este livro, que todos os seres gerem e aumentem suas mentes de compaixão e sabedoria. Como resultado disso, que todo o sofrimento rapidamente cesse, que possamos desfrutar de felicidade duradoura e que a paz reine em todo o mundo para sempre.

APÊNDICE I

Entender a Mente

Entender a Mente

BUDA ENSINOU QUE tudo depende da mente. Para compreender esse ensinamento, precisamos primeiro entender a natureza e as funções da mente. A princípio, isso pode parecer fácil, já que todos temos uma mente e sabemos em que estado ela se encontra – se está feliz ou triste, clara ou confusa e assim por diante. Contudo, se alguém nos perguntasse qual é a natureza da nossa mente e como ela funciona, provavelmente não saberíamos dar uma resposta precisa, o que indica que não temos uma compreensão clara da mente.

Alguns pensam que a mente é o cérebro ou qualquer outra parte ou função do corpo. Mas, na verdade, o cérebro é um objeto físico que pode ser visto, fotografado ou submetido a uma cirurgia. A mente, por outro lado, não é algo material. Ela não pode ser vista com os olhos, fotografada ou operada. Portanto, o cérebro não é a mente, mas apenas uma parte do corpo.

Não há nada dentro do corpo que possa ser identificado como sendo a nossa mente, porque corpo e mente são entidades diferentes. Por exemplo, às vezes o nosso corpo está descontraído e imóvel e a mente, em plena atividade, movimentando-se de um objeto para outro. Isso indica que corpo e mente não são a mesma entidade. Nas escrituras budistas, o nosso corpo é comparado a uma hospedaria e a mente, ao hóspede que ali reside. Quando morremos, a mente deixa o corpo e vai para a próxima vida, como um hóspede que sai de uma hospedaria e vai para outro lugar.

Se a mente não é o cérebro nem outra parte qualquer do corpo, o que ela é? A mente é um *continuum* sem forma, que tem como função perceber e entender os objetos. Sendo, por natureza, algo sem forma, ou não corpóreo, ela não pode ser obstruída por objetos físicos. Assim, é impossível que nosso corpo vá à lua, a não ser que disponha de uma espaçonave, mas a mente pode alcançá-la num instante apenas ao pensar nela. Conhecer e perceber objetos é a função própria, ou incomum, da mente. Embora digamos "eu conheço isso ou aquilo", na realidade, quem conhece é a nossa mente. Só conhecemos as coisas usando a mente.

Existem três níveis de mente: densa, sutil e muito sutil. Mentes densas incluem as consciências sensoriais, como a visual e a auditiva, e todas as fortes delusões, como raiva, inveja, apego e a forte ignorância do agarramento ao em-si. Essas mentes densas estão relacionadas com os ventos interiores densos e é relativamente fácil reconhecê-las. Quando dormimos ou morremos, nossas mentes densas se dissolvem internamente e as sutis tornam-se manifestas. As mentes sutis estão relacionadas com os ventos interiores sutis e são mais difíceis de se reconhecer. Durante o sono profundo e no final do processo da morte, os ventos interiores se dissolvem no centro da roda-canal do coração, dentro do canal central. Então, a mente muito sutil, ou mente da clara-luz, torna-se manifesta. Ela está relacionada com o vento interior muito sutil e é extremamente difícil reconhecê-la. O continuum da mente muito sutil não tem começo nem fim. É essa mente que passa de uma vida para outra e que, se for completamente purificada pelo treino em meditação, irá se transformar, por fim, na mente onisciente de um Buda.

É muito importante conseguir distinguir estados mentais agitados de estados mentais pacíficos. Os estados mentais que perturbam nossa paz interior, como raiva, inveja e apego desejoso, são denominados "delusões". Eles são as principais causas de todo o nosso sofrimento. Talvez pensemos que nosso sofrimento seja provocado por outras pessoas, pela falta de condições materiais ou pela sociedade, mas, na realidade, tudo isso vem dos nossos próprios estados mentais deludidos. A essência da prática de Dharma consiste em reduzir e, por fim, erradicar totalmente nossas delusões, substituindo-as por estados mentais pacíficos e virtuosos. Esse é o principal objetivo do treino em meditação.

Normalmente, buscamos felicidade fora de nós. Tentamos obter as melhores condições materiais, o melhor emprego, posição social elevada e assim por diante. Contudo, por mais que tenhamos sucesso exterior, continuamos a experienciar muitos problemas e grande insatisfação. Nossa felicidade nunca é pura e duradoura. Em seus ensinamentos de Dharma, Buda nos aconselha a não procurar felicidade fora de nós, mas estabelecê-la em nossa mente. Como fazer isso? Purificando e controlando nossa mente por meio da prática sincera do Budadharma. Se treinarmos desse modo, teremos uma mente calma e feliz o tempo todo, por mais difíceis que sejam as circunstâncias exteriores.

Embora trabalhemos arduamente para obter felicidade, ela sempre se esquiva de nós, ao passo que os sofrimentos e problemas parecem brotar naturalmente, sem nenhum esforço. Isso acontece porque as causas de felicidade em nossa mente – nossas virtudes – são muito fracas e só produzem efeito se aplicarmos muito esforço. Por outro lado, as causas internas de sofrimentos e problemas – nossas delusões – são muito fortes e produzem efeitos sem nenhum esforço de nossa parte. Essa é a verdadeira razão pela qual os problemas surgem naturalmente, enquanto a felicidade é tão difícil de ser encontrada.

Assim, podemos ver que as principais causas tanto de felicidade como de problemas estão na mente, não no mundo exterior. Se fôssemos capazes de manter uma mente calma e serena ao longo do dia, nunca experienciaríamos problemas ou sofrimentos mentais. Por exemplo, se permanecermos sempre serenos, mesmo que sejamos insultados, criticados ou caluniados ou se perdermos nosso emprego ou amigos, não nos sentiremos infelizes. Por pior que sejam as circunstâncias exteriores, elas não serão um problema para nós. Portanto, se quisermos nos livrar das dificuldades, só há uma coisa a fazer: aprender a manter um estado mental tranquilo, praticando o Dharma sincera e puramente.

APÊNDICE II

Vidas Passadas e Futuras

Vidas Passadas e Futuras

SE COMPREENDERMOS A natureza da mente, também entenderemos a existência de vidas passadas e futuras. Muitos acreditam que, quando o corpo se desintegra na morte, o continuum mental cessa e a mente deixa de existir, como uma chama de vela que se apaga quando a cera é totalmente consumida. Certas pessoas chegam a cometer suicídio na esperança de que a morte ponha um fim a seus problemas e sofrimentos. Contudo, tais ideias são totalmente errôneas. Como foi explicado no Apêndice I, o nosso corpo e a nossa mente são entidades separadas; assim, apesar de o corpo se desintegrar na morte, o continuum mental não sofre interrupções. Em vez de cessar, a mente apenas deixa o corpo atual e vai para a próxima vida. Isso significa que para nós, os seres comuns, a morte só renova os sofrimentos, ao invés de eliminá-los. Por não entenderem isso, muitos destroem suas preciosas vidas humanas cometendo suicídio.

Uma maneira de compreender a existência de vidas passadas e futuras consiste em examinar o processo de dormir, sonhar e acordar, devido à sua grande semelhança com o processo da morte, de passar pelo estado intermediário e de renascer. Quando dormimos, nossos ventos interiores densos se juntam e se dissolvem, e nossa mente aos poucos se sutiliza até se transformar na mente muito sutil da clara-luz do sono. Enquanto a clara-luz do sono está manifesta, experienciamos um sono profundo e parecemos, aos olhos dos outros, uma pessoa morta. Quando a clara-luz do sono cessa, nossa mente se torna cada vez mais densa e passamos pelas várias fases do estado do sonho. Por fim, nossas faculdades normais de memória e de controle mental são restauradas e despertamos. Quando isso acontece, nosso mundo do sonho desaparece e percebemos o mundo do estado de vigília, ou acordado.

Na morte ocorre um processo similar. Conforme morremos, nossos ventos se dissolvem interiormente e a consciência vai se sutilizando até a manifestação da mente muito sutil da clara-luz da morte. A experiência da clara-luz da morte é semelhante à do sono profundo. Quando a clara-luz da morte cessa, experienciamos as etapas do estado intermediário, ou *bardo* em tibetano – um período que acontece entre a morte e o renascimento e se assemelha a um sonho. Depois de alguns dias ou semanas, o estado intermediário termina e renascemos. Assim como, ao acordar do sono, o mundo do sonho desaparece e percebemos o mundo do estado de vigília, também ao renascer, as aparências do estado intermediário cessam e percebemos o mundo de nossa próxima vida.

A única diferença significativa entre o processo de dormir, sonhar e acordar e o processo da morte, de passar pelo estado intermediário e de renascer é que o relacionamento entre nossa mente e nosso corpo continua intacto após o cessar da clara-luz do sono, ao passo que ele é interrompido no caso da clara-luz da morte. Contemplando isso, vamos nos convencer da existência de vidas passadas e futuras.

Em geral, acreditamos que as coisas percebidas em sonhos são irreais, ao passo que as percebidas quando estamos acordados são verdadeiras; mas Buda disse que todos os fenômenos são como sonhos, uma vez que são meras aparências à mente. Para aqueles que conseguem interpretá-los corretamente, os sonhos têm um grande significado. Por exemplo, sonhar que visitamos um país onde nunca estivemos durante esta vida pode indicar uma das seguintes possibilidades: visitamos esse país numa vida anterior;

vamos fazê-lo mais tarde, ainda nesta vida; iremos visitá-lo numa vida futura; ou ele tem algum significado especial para nós – recebemos recentemente uma carta desse país ou assistimos a um documentário sobre o lugar. Do mesmo modo, sonhar que estamos voando significa que fomos, numa vida anterior, um ser que podia voar, como um pássaro ou um meditador com poderes miraculosos; ou pressagia que nos tornaremos, no futuro, um ser desse tipo. Tal sonho também pode ter um significado menos literal e simbolizar uma melhora de nossa saúde ou estado mental.

Foi com a ajuda de sonhos que eu, o autor, consegui descobrir onde minha mãe havia renascido. Um pouco antes de morrer, ela adormeceu durante alguns minutos e, ao acordar, contou à minha irmã que sonhara comigo. No sonho eu lhe ofertava uma tradicional echarpe branca, ou *khatag*. Tomei esse sonho como um sinal de que poderia ajudar minha mãe em sua próxima vida. Após seu falecimento, rezei todos os dias para que ela renascesse na Inglaterra, onde eu vivia, dando-me assim a oportunidade de encontrar e reconhecer sua reencarnação. Fiz intensos pedidos ao meu *Dharmapala*, para que me mostrasse sinais claros do lugar onde a reencarnação de minha mãe poderia ser encontrada.

Mais tarde tive três sonhos que me pareceram significativos. Primeiro, sonhei que tinha encontrado minha mãe num lugar que me pareceu a Inglaterra. Perguntei como ela conseguira viajar da Índia para lá. Contudo, ela respondeu que não tinha vindo da Índia, e sim da Suíça. No segundo sonho, vi minha mãe conversando com um grupo de pessoas. Aproximei-me dela e falei em tibetano, mas ela parecia não entender o que eu dizia. Minha mãe nunca falou outra língua a não ser o tibetano, porém, no sonho, seu inglês era fluente. Perguntei por que havia esquecido o tibetano, mas ela não respondeu. Depois, nesse mesmo sonho, apareceu um casal ocidental que estava ajudando no desenvolvimento de centros de Dharma na Grã-Bretanha.

Os dois sonhos pareciam fornecer pistas sobre onde minha mãe havia renascido. Dois dias depois do segundo sonho, o marido, do casal com quem eu sonhara, me visitou e contou que sua mulher estava grávida. Lembrei-me imediatamente do sonho e pensei que o bebê poderia ser a reencarnação de minha mãe. O fato de minha mãe ter esquecido o tibetano e só falar inglês sugeria um renascimento em país de língua inglesa e a presença daquele casal no sonho indicava que eles poderiam ser seus pais. Então, fiz uma prática de adivinhação e de preces rituais, denominada *mo*, em tibetano; o resultado indicou que a criança era a reencarnação de minha mãe. Fiquei muito feliz, mas não contei nada a ninguém.

Certa noite, sonhei com minha mãe repetidas vezes. Na manhã seguinte, pensei cuidadosamente sobre o assunto e tomei uma decisão. Se o bebê tivesse nascido naquela noite, ele seria a reencarnação de minha mãe; caso contrário, eu deveria prosseguir a investigação. Após tomar essa decisão, telefonei ao marido e ele me deu a boa notícia: na noite anterior, sua mulher havia dado à luz uma menina. Fiquei muito feliz e realizei um *puja*, ou cerimônia de oferenda, como ação de graças ao meu Dharmapala.

Alguns dias depois, o pai telefonou-me e contou que o bebê sempre parava de chorar e ouvia atentamente quando ele recitava o mantra de Buda Avalokiteshvara, OM MANI PÄME HUM. Ele quis saber o motivo desse comportamento e respondi que eram tendências adquiridas pelo bebê em vidas anteriores. Eu sabia que durante toda a sua vida minha mãe havia recitado esse mantra com muita fé.

A criança recebeu o nome de Amaravajra. Mais tarde, quando Kuten Lama, irmão de minha mãe, visitou a Inglaterra e encontrou Amaravajra pela primeira vez, ficou impressionado com o afeto que ela lhe demonstrou. Segundo ele, era como se a menina o tivesse reconhecido. Comigo também aconteceu algo parecido. Embora raramente pudesse visitá-la, ela sempre ficava muito feliz ao me ver.

Certa vez, quando Amaravajra começou a falar, ela mostrou um cachorro e disse: *kyi, kyi*. Passou a repetir essa palavra sempre que via um cachorro. Seu pai perguntou-me qual o significado de *kyi* e respondi que, no dialeto falado no oeste do Tibete, lugar onde minha mãe viveu, *kyi* significava cachorro. Essa não foi a única palavra tibetana que a menina pronunciou espontaneamente.

Algum tempo mais tarde, o marido de minha irmã contou que, quando minha mãe morreu, um astrólogo tibetano predisse que ela teria um renascimento de sexo feminino, num país de língua estrangeira. Essa história faz parte da minha experiência pessoal, mas, se investigarmos, encontraremos muitos outros casos verídicos de pessoas que foram capazes de reconhecer a reencarnação de seus professores, parentes ou amigos. Contemplando essas histórias e refletindo sobre a natureza da mente e a experiência dos sonhos ficaremos convencidos, sem sombra de dúvida, da existência de vidas passadas e futuras.

Em seus ensinamentos tântricos, Buda apresentou uma prática especial denominada "transferência de consciência para outro corpo". Essa prática foi muito difundida nos primórdios do budismo no Tibete. Tarma Dode, filho do famoso lama leigo e tradutor tibetano Marpa, era um especialista nessa prática. Um dia, enquanto cavalgava, Tarma Dode caiu e feriu-se fatalmente. Marpa, sabendo que o filho dominava a prática da transferência de consciência, imediatamente procurou um cadáver para o qual o rapaz pudesse transferir sua consciência. Não encontrando um corpo humano, entregou ao filho o cadáver de um pombo para servir de morada temporária ao seu espírito. Então, Tarma Dode ejetou a mente de seu corpo humano moribundo e ingressou no cadáver do pombo. No mesmo instante, seu antigo corpo humano morreu e o do pombo voltou à vida. O corpo de Tarma Dode passou a ser o de um pombo, mas sua mente continuou sendo a mente de um ser humano.

Marpa não queria que o filho permanecesse sob a forma de um pombo e continuou sua procura por um cadáver humano devidamente qualificado. Usando sua clarividência, viu que um professor budista havia falecido na Índia e que seu corpo fora conduzido pelos discípulos ao cemitério. Aconselhou seu filho a voar o mais rapidamente possível para aquele local.

COMO SOLUCIONAR NOSSOS PROBLEMAS HUMANOS

Tarma Dode voou para a Índia e, ao chegar ao cemitério, ejetou sua mente do corpo do pombo e ingressou no cadáver do professor. O corpo do pombo morreu em seguida e o do professor voltou à vida. Tarma Dode passou o restante de seus dias na condição de um professor indiano conhecido como Tiwu Sangnak Dongpo. Alguns anos mais tarde, Milarepa, o principal discípulo de Marpa, enviou Rechungpa, seu próprio discípulo, à Índia para receber ensinamentos especiais de Tiwu Sangnak Dongpo. Quando Rechungpa retornou ao Tibete, ofereceu a Milarepa tais instruções.

Existem muitos outros exemplos de meditadores que eram capazes de ejetar suas consciências para outros corpos. Diz-se que o próprio Marpa transferiu sua consciência para outros corpos quatro vezes durante a vida. Se corpo e mente fossem a mesma entidade, como tais meditadores poderiam transferir suas consciências desse modo? Contemplando tais histórias verídicas com uma mente positiva, elas nos ajudarão a compreender como é possível que a consciência exista além da morte do corpo. Isso, por sua vez, facilitará a aceitação de vidas passadas e futuras.

APÊNDICE III

Prece Libertadora

LOUVOR A BUDA SHAKYAMUNI

e

Preces para Meditação

PRECES PREPARATÓRIAS CURTAS
PARA MEDITAÇÃO

Prece Libertadora

LOUVOR A BUDA SHAKYAMUNI

Ó Abençoado, Shakyamuni Buda,
Precioso tesouro de compaixão,
Concessor de suprema paz interior,

Tu, que amas todos os seres sem exceção,
És a fonte de bondade e felicidade,
E nos guias ao caminho libertador.

Teu corpo é uma joia-que-satisfaz-os-desejos,
Tua fala é um néctar purificador e supremo
E tua mente, refúgio para todos os seres vivos.

Com as mãos postas, me volto para ti,
Amigo supremo e imutável,
E peço do fundo do meu coração:

Por favor, concede-me a luz de tua sabedoria
Para dissipar a escuridão da minha mente
E curar o meu *continuum* mental.

Por favor, me nutre com tua bondade,
Para que eu possa, por minha vez, nutrir todos os seres
Com um incessante banquete de deleite.

Por meio de tua compassiva intenção,
De tuas bênçãos e feitos virtuosos
E por meu forte desejo de confiar em ti,

Que todo o sofrimento rapidamente cesse,
Que toda a felicidade e alegria aconteçam
E que o sagrado Dharma floresça para sempre.

Esta prece foi composta por Geshe Kelsang Gyatso Rinpoche.
Ela é cantada regularmente no início das sadhanas nos
Centros Budistas Kadampas em todo o mundo.

Preces para Meditação

PRECES PREPARATÓRIAS CURTAS
PARA MEDITAÇÃO

Buscar refúgio

Eu e todos os seres sencientes, até alcançarmos a iluminação,
Nos refugiamos em Buda, Dharma e Sangha. (3x, 7x, 100x etc.)

Gerar bodhichitta

Pelas virtudes que coleto, praticando o dar e as outras perfeições,
Que eu me torne um Buda para o benefício de todos. (3x)

Gerar as quatro incomensuráveis

Que cada um seja feliz,
Que cada um se liberte da dor,
Que ninguém jamais seja separado de sua felicidade,
Que todos tenham equanimidade, livres do ódio e do apego.

Visualizar o Campo de Mérito

No espaço à minha frente está Buda Shakyamuni vivo, rode
do por todos os Budas e Bodhisattvas, como a lua cheia
rodeada pelas estrelas.

Prece dos sete membros

Com meu corpo, fala e mente, humildemente me prostro
E faço oferendas, efetivas e imaginadas.
Confesso meus erros em todos os tempos
E regozijo-me nas virtudes de todos.
Peço, permanece até o cessar do samsara
E gira a Roda do Dharma para nós.
Dedico todas as virtudes à grande iluminação.

Oferecimento do mandala

O chão espargido com perfume e salpicado de flores,
A Grande Montanha, quatro continentes, sol e lua,
Percebidos como Terra de Buda e assim oferecidos.
Que todos os seres desfrutem dessas Terras Puras.

Ofereço, sem nenhum sentimento de perda,
Os objetos que fazem surgir meu apego, ódio e confusão,
Meus amigos, inimigos e estranhos, nossos corpos e prazeres.
Peço, aceita-os e abençoa-me, livrando-me diretamente dos
    três venenos.

IDAM GURU RATNA MANDALAKAM NIRYATAYAMI

Preces das Etapas do Caminho

O caminho começa com firme confiança
No meu bondoso mestre, fonte de todo bem;
Ó, abençoa-me com essa compreensão
Para segui-lo com grande devoção.

PRECE LIBERTADORA E PRECES PARA MEDITAÇÃO

Esta vida humana, com todas as suas liberdades,
Extremamente rara, com tanta significação;
Ó, abençoa-me com essa compreensão
Dia e noite para captar a sua essência.

Meu corpo, qual bolha-d'água,
Decai e morre tão rapidamente;
Após a morte vêm os resultados do carma,
Qual sombra de um corpo.

Com esse firme conhecimento e lembrança,
Abençoa-me, para ser extremamente cauteloso,
Evitando sempre ações nocivas
E reunindo abundante virtude.

Os prazeres do samsara são enganosos,
Não trazem contentamento, apenas tormentos;
Abençoa-me para ter o esforço sincero
Para obter o êxtase da liberdade perfeita.

Ó, abençoa-me para que desse pensamento puro
Resulte contínua-lembrança e imensa cautela,
A fim de manter como minha prática essencial
A raiz da doutrina, o Pratimoksha.

Assim como eu, todas as minhas bondosas mães
Estão se afogando no oceano do samsara;
Para que logo eu possa libertá-las,
Abençoa-me para treinar a bodhichitta.

Mas não posso tornar-me um Buda
Apenas com isso, sem as três éticas;
Assim, abençoa-me com a força de praticar
Os votos do Bodhisattva.

Por pacificar minhas distrações
E analisar perfeitos sentidos,
Abençoa-me para logo alcançar a união
Da visão superior e do tranquilo-permanecer.

Quando me tornar um puro recipiente
Pelos caminhos comuns, abençoa-me para ingressar
Na essência da prática da boa fortuna,
O supremo veículo, Vajrayana.

As duas conquistas dependem, ambas,
De meus sagrados votos e compromissos;
Abençoa-me para entender isso claramente
E conservá-los à custa da minha vida.

Por sempre praticar em quatro sessões
A via explicada pelos santos mestres,
Ó, abençoa-me para obter ambos os estágios
Que são a essência dos Tantras.

Que os que me guiam no bom caminho
E meus companheiros tenham longas vidas;
Abençoa-me para pacificar inteiramente
Todos os obstáculos internos e externos.

Que eu sempre encontre perfeitos mestres
E deleite-me no sagrado Dharma,
Conquiste todos os solos e caminhos velozmente
E obtenha o estado de Vajradhara.

Receber bênçãos e purificar

Do coração de todos os seres sagrados, fluem correntes de luz e néctar, concedendo bênçãos e purificando.

Neste ponto, fazemos a contemplação e a meditação. Após a meditação, dedicamos nosso mérito enquanto recitamos as seguintes preces:

Preces dedicatórias

Pelas virtudes que coletei
Praticando as etapas do caminho,
Que todos os seres vivos tenham a oportunidade
De praticar da mesma forma.

Que cada um experiencie
A felicidade de humanos e deuses
E rapidamente alcance a iluminação,
Para que o samsara seja finalmente extinto.

Preces pela Tradição Virtuosa

Para que a tradição de Je Tsongkhapa,
O Rei do Dharma, floresça,
Que todos os obstáculos sejam pacificados
E todas as condições favoráveis sejam abundantes.

Pelas duas coleções, minhas e dos outros,
Reunidas ao longo dos três tempos,
Que a doutrina do Conquistador Losang Dragpa
Floresça para sempre.

Prece *Migtsema* de nove versos

Tsongkhapa, ornamento-coroa dos eruditos da Terra das Neves,
Tu és Buda Shakyamuni e Vajradhara, a fonte de todas as conquistas,
Avalokiteshvara, o tesouro de inobservável compaixão,
Manjushri, a suprema sabedoria imaculada,
E Vajrapani, o destruidor das hostes de maras.
Ó Venerável Guru Buda, síntese das Três Joias,
Com meu corpo, fala e mente, respeitosamente faço pedidos:
Peço, concede tuas bênçãos para amadurecer e libertar a mim e aos outros,
E confere-nos as aquisições comuns e a suprema.   (3x)

Cólofon: Estas preces foram compiladas de fontes tradicionais pelo Venerável Geshe Kelsang Gyatso Rinpoche

APÊNDICE IV

O que é Meditação?

O que é Meditação?

MEDITAÇÃO É UMA mente que se concentra em um objeto virtuoso, e uma ação mental que é a causa principal de paz mental. Sempre que meditamos, estamos realizando uma ação que nos fará experienciar paz interior no futuro. Normalmente, durante nossa vida, experienciamos delusões dia e noite, e elas são o oposto da paz mental. Às vezes, contudo, sentimos paz interior naturalmente e isso se deve ao fato de termos nos concentrado em objetos virtuosos em vidas anteriores. Um objeto virtuoso é aquele que nos faz desenvolver uma mente serena quando nos concentramos nele. Se nos concentrarmos em um objeto que nos faça desenvolver uma mente agitada, como raiva ou apego, isso indica que, para nós, o objeto é não virtuoso. Também existem muitos objetos neutros, que não são virtuosos nem não virtuosos.

Existem dois tipos de meditação: analítica e posicionada. Meditação analítica significa contemplar o sentido de uma instrução espiritual que tenhamos lido ou ouvido. Por contemplar essa instrução profundamente, vamos chegar a uma conclusão definitiva ou gerar um determinado estado de mente virtuoso. Essa conclusão ou esse estado mental virtuoso é o objeto da meditação posicionada. Então, nos concentramos nessa conclusão ou estado mental virtuoso, de modo estritamente focado, pelo maior tempo possível, a fim de nos habituar profundamente com isso. Essa concentração estritamente focada é a meditação posicionada. A meditação analítica é frequentemente denominada "contemplação", e a meditação posicionada é frequentemente denominada "meditação". A meditação posicionada depende da meditação analítica e a meditação analítica depende de ouvirmos ou lermos instruções espirituais.

OS BENEFÍCIOS DA MEDITAÇÃO

O propósito da meditação é tornar nossa mente calma e serena. Como mencionado no Apêndice I, se nossa mente estiver em paz, ficaremos livres de preocupação e desconforto mental e, assim, experienciaremos verdadeira felicidade. Ao contrário, se nossa mente não estiver em paz, acharemos muito difícil ser felizes, mesmo vivendo nas melhores condições. Se treinarmos meditação, nossa mente, aos poucos, se tornará mais serena e experienciaremos formas de felicidade cada vez mais puras. Finalmente, seremos capazes de permanecer felizes o tempo todo, até nas circunstâncias mais difíceis.

Em geral, achamos difícil controlar nossa mente. Ela é como um balão ao vento, soprada de um lado para o outro pelas circunstâncias exteriores. Se as coisas vão bem, ficamos felizes, mas, se vão mal, imediatamente nos sentimos infelizes. Por exemplo, quando obtemos o que desejamos, como novas posses, posição ou parceiro, ficamos eufóricos e nos aferramos fortemente a isso. Porém, como não é possível obter tudo o que queremos e como seremos inevitavelmente separados dos amigos, posição e posses, o apego, ou grude mental, só serve para nos causar dor. Por outro lado, quando não conseguimos aquilo que queremos ou quando perdemos algo de que gostamos, ficamos desanimados ou irritados. Se formos forçados a trabalhar com alguém que nos desagrada, ficaremos irritados e ressentidos. Como resultado, não conseguiremos trabalhar bem com essa pessoa e nosso tempo no trabalho será estressante e insatisfatório.

Essas flutuações de humor ocorrem porque estamos intimamente envolvidos com as situações exteriores. Somos como uma criança que se entusiasma ao construir um castelo de areia, mas chora quando ele é destruído pelas ondas. Treinando em meditação, criamos clareza e espaço interiores, que nos habilitam a controlar nossa mente independentemente das circunstâncias exteriores. Gradualmente, desenvolveremos equilíbrio mental, uma mente estável que está feliz o tempo todo, em vez de oscilar entre os extremos da euforia e do desânimo.

Se treinarmos em meditação de forma sistemática, seremos capazes de erradicar as delusões, que são as causas de todos os nossos problemas e sofrimentos. Desse modo, vamos experienciar paz interior permanente. Então, dia e noite, vida após vida, sentiremos somente paz e felicidade.

No começo, mesmo que nossa meditação não pareça estar indo bem, devemos lembrar que pelo simples fato de nos esforçar para meditar criamos o carma mental para experienciar paz interior no futuro. A felicidade desta vida e de nossas vidas futuras depende da experiência de paz interior, que, por sua vez, depende da ação mental de meditar. Já que paz interior é a fonte de toda felicidade, fica claro o quanto é importante meditar.

COMO COMEÇAR A MEDITAÇÃO

A primeira etapa da meditação consiste em interromper distrações e tornar a mente mais clara e lúcida. Isso pode ser conseguido com uma simples meditação respiratória. Escolhemos um lugar tranquilo para meditar e nos sentamos na postura tradicional, com as pernas cruzadas uma sobre a outra ou em qualquer posição confortável. Se desejarmos, podemos nos sentar em uma cadeira. O mais importante é manter as costas eretas para impedir que a mente se torne lerda ou sonolenta.

Conservamos os olhos parcialmente fechados e dirigimos a atenção para a respiração. Sem alterar seu ritmo, respiramos naturalmente, de preferência pelas narinas, e procuramos perceber a sensação que o ar produz ao entrar e sair pelas narinas. Essa sensação é o nosso objeto de meditação. Tentaremos nos concentrar nisso sem pensar em mais nada.

No início, nossa mente estará muito ocupada e poderemos até achar que a meditação aumenta a sua agitação. Na realidade, estamos apenas tomando consciência do estado mental em que nos encontramos normalmente. Grande será a tentação de seguir os diferentes pensamentos que surgem, mas devemos resistir e permanecer com concentração estritamente focada na sensação da respiração. Se notarmos que a mente está vagando e seguindo nossos pensamentos, devemos imediatamente levá-la de volta à respiração. Repetiremos esse exercício o quanto for necessário, até que a mente se assente na respiração.

Se praticarmos pacientemente dessa maneira, nossos pensamentos distrativos vão aos poucos enfraquecer e experienciaremos uma sensação de paz interior e de descontração. Nossa mente se tornará lúcida e espaçosa e iremos nos sentir revigorados. Quando o mar está agitado, os sedimentos são revolvidos e a água se turva. Mas, quando o vento cessa, o lodo aos poucos assenta e a água volta a ficar clara. Do mesmo modo, quando o fluxo incessante dos nossos pensamentos distrativos é acalmado pela concentração na respiração, nossa mente se torna muito lúcida e clara. Devemos permanecer nesse estado mental calmo durante algum tempo.

Ainda que a meditação respiratória seja somente um estágio preliminar da meditação, ela pode ser muito poderosa. Essa prática mostra que é possível experienciar paz interior e contentamento controlando a mente, sem depender das condições externas. Quando a turbulência dos pensamentos distrativos cede e a nossa mente se acalma, felicidade e contentamento profundos brotam naturalmente em nós. Esse sentimento de contentamento e de bem-estar nos ajuda a lidar com as agitações e dificuldades da vida diária. Grande parte do estresse e da tensão que normal-

O QUE É MEDITAÇÃO?

mente experienciamos advém da mente e muitos dos nossos problemas e doenças são causados ou agravados por esse estresse. Assim, praticando meditação respiratória diariamente, por dez ou quinze minutos, seremos capazes de reduzir esse estresse. Teremos uma sensação de calma e amplidão na mente, e muitos dos nossos problemas habituais vão desaparecer. Conseguiremos lidar melhor com situações difíceis, naturalmente nos sentiremos mais calorosos e bem-dispostos com os outros e as nossas relações com os outros gradualmente vão melhorar.

Devemos treinar essa meditação preliminar até reduzir nossas distrações densas e, então, poderemos treinar as meditações efetivas, como as explicadas no *Novo Manual de Meditação*.

Ao fazer essas meditações, devemos começar acalmando a mente com a meditação respiratória e, depois, passar às meditações analítica e posicionada, de acordo com as instruções específicas para cada meditação.

APÊNDICE V

O Estilo de Vida Kadampa

A PRÁTICA ESSENCIAL DO LAMRIM KADAM

Introdução

ESSA PRÁTICA ESSENCIAL do *Lamrim* Kadam, conhecida como *O Estilo de Vida Kadampa*, contém dois textos: *Conselhos do Coração de Atisha* e *Os Três Aspectos Principais do Caminho à Iluminação*, de Je Tsongkhapa. O primeiro engloba o estilo de vida dos primeiros praticantes kadampas, cujo exemplo de pureza e sinceridade todos nós deveríamos tentar emular. O segundo é um profundo guia para a meditação nas etapas do caminho, o Lamrim, composto por Je Tsongkhapa com base nas instruções que recebeu diretamente do Buda da Sabedoria, Manjushri.

Se nos esforçarmos para colocar em prática os conselhos de Atisha e para meditar no Lamrim de acordo com as instruções de Je Tsongkhapa, desenvolveremos uma mente pura e feliz e, aos poucos, progrediremos rumo à paz suprema da plena iluminação. Como diz o Bodhisattva Shantideva:

Confiando neste barco da forma humana,
Podemos cruzar o grande oceano de sofrimento.
Já que no futuro dificilmente reencontraremos tal
embarcação,
Não é hora de dormir, ó tolos!

Praticar dessa maneira é a verdadeira essência do estilo de vida kadampa.

Conselhos do Coração de Atisha

AO CHEGAR NO Tibete, o Venerável Atisha foi para Ngari, onde permaneceu por dois anos e deu muitos ensinamentos aos discípulos de Jangchub Ö. Passado esse tempo, Atisha decidiu voltar para a Índia e Jangchub Ö solicitou-lhe um último ensinamento. Atisha respondeu que havia dado todos os conselhos de que necessitavam, mas diante da insistência de Jangchub Ö, concordou em dar-lhes os seguintes conselhos:
Que maravilhoso!

Amigos, vocês têm grande conhecimento e claro entendimento, enquanto eu não sou importante e tenho pouca sabedoria. Assim, não é apropriado que me peçam conselhos. No entanto, uma vez que vocês, meus queridos amigos a quem tanto prezo, estão pedindo, darei esses conselhos essenciais vindos de minha mente infantil e inferior:

Amigos, até que alcancem a iluminação, o professor espiritual é indispensável; portanto, confiem no sagrado Guia Espiritual.

Até que realizem a verdade última, ouvir é indispensável; logo, ouçam as instruções do Guia Espiritual.

Já que não podem se tornar um Buda pelo mero entendimento intelectual do Dharma, pratiquem intensamente com discernimento.

Evitem lugares que perturbem suas mentes e permaneçam sempre naqueles onde suas virtudes aumentem.

Até que tenham obtido realizações estáveis, as diversões mundanas são prejudiciais; logo, permaneçam onde não haja tais distrações.

Evitem os amigos que causam o aumento das delusões e confiem naqueles que aumentam suas virtudes. Guardem esse conselho no coração.

Já que as atividades mundanas nunca têm fim, restrinjam suas atividades.

Dediquem suas virtudes, dia e noite, e sempre vigiem a mente.

Por terem recebido conselhos, quando não estiverem meditando, pratiquem sempre de acordo com as palavras do seu Guia Espiritual.

Se praticarem com grande devoção, os resultados surgirão imediatamente, sem que seja preciso esperar muito tempo.

Se praticarem com sinceridade de acordo com o Dharma, alimentos e recursos chegarão naturalmente em suas mãos.

Amigos, as coisas que desejam trazem tanta satisfação quanto beber água do mar; logo, pratiquem o contentamento.

Evitem todas as mentes desdenhosas, vaidosas, orgulhosas e arrogantes e permaneçam tranquilos e mansos.

Evitem as atividades que, embora consideradas meritórias, em realidade são obstáculos ao Dharma.

Lucro e respeito são armadilhas dos maras; afastem-nos como se fossem pedras no caminho.

Fama e palavras de elogio servem apenas para nos seduzir; logo, soprem-nas para longe como se assoassem o nariz.

Já que a felicidade, o prazer e os amigos que reuniram nesta vida só duram um instante, coloquem-nos todos em segundo plano.

Já que as vidas futuras duram muito tempo, reúnam riquezas para abastecer o futuro.

Já que terão que partir deixando tudo para trás, não se apeguem a coisa alguma.

Gerem compaixão pelos seres inferiores e, especialmente, evitem desprezá-los e humilhá-los.

Não sintam ódio por inimigos nem apego por amigos.

Não tenham inveja das boas qualidades alheias, mas, por admiração, adotem-nas pessoalmente.

Não procurem falhas nos outros, mas procurem-nas em si mesmos e purguem-nas como se fossem sangue ruim.

Não contemplem suas próprias boas qualidades, mas contemplem as boas qualidades dos outros e respeitem todos eles como um servo o faria.

Vejam todos os seres vivos como pais e mães e amem-nos como um filho o faria.

Mantenham sempre uma expressão sorridente e uma mente amorosa e falem sinceramente, sem maldade.

Se falarem muito, dizendo coisas sem sentido, vão se equivocar; logo, falem com moderação e só quando necessário.

Caso se envolvam em muitos afazeres sem sentido, suas atividades virtuosas vão se degenerar; logo, interrompam as ações que não sejam espirituais.

É completamente inútil investir esforço em atividades que não têm essência.

Se seus desejos não se realizarem, será pelo carma que foi criado há muito tempo; logo, mantenham uma mente feliz e descontraída.

Cuidado, ofender um ser sagrado é pior do que morrer; logo, sejam honestos e diretos.

Já que a felicidade e o sofrimento desta vida surgem de ações passadas, não culpem os outros.

Toda felicidade advém das bênçãos do seu Guia Espiritual; logo, retribuam sempre sua bondade.

Já que não podem domar as mentes alheias sem primeiro terem domado a sua, comecem por domar sua própria mente.

Já que terão que partir sem a riqueza que acumularam, não acumulem negatividade em nome de riqueza.

Prazeres distrativos não têm essência; logo, pratiquem o dar sinceramente.

Mantenham sempre pura disciplina moral, pois isso resulta em beleza nesta vida e em felicidade futura.

Já que o ódio é abundante nestes tempos impuros, vistam a armadura da paciência, libertos de raiva.

O ESTILO DE VIDA KADAMPA

É o poder da preguiça que os mantém presos ao samsara; logo, acendam a chama do esforço da aplicação.

Já que esta vida humana é desperdiçada em distrações, agora é a hora de praticar concentração.

Sob a influência de visões errôneas, não se pode compreender a natureza última das coisas; logo, investiguem os significados corretos.

Amigos, não existe felicidade nesse pântano, o samsara; assim, mudem-se para o solo firme da libertação.

Meditem de acordo com o conselho do seu Guia Espiritual e drenem o rio do sofrimento samsárico.

Avaliem muito bem tudo o que foi dito, pois não são apenas palavras vindas da boca, mas conselhos sinceros vindos do coração.

Se praticarem dessa forma, irão me deleitar e criar felicidade para si mesmos e para os outros.

Eu, em minha ignorância, peço que acolham esses conselhos em seu coração.

Esses são os conselhos que o ser sagrado, Venerável Atisha, deu ao Venerável Jangchub Ö.

Cólofon: Este texto foi traduzido sob a compassiva orientação de Venerável Geshe Kelsang Gyatso Rinpoche.

Os Três Aspectos Principais
do Caminho à Iluminação

Homenagem ao Venerável Guia Espiritual.

Explicarei, com o melhor de minha habilidade,
O significado essencial dos ensinamentos de todos os Budas
[renúncia],
O caminho principal dos Bodhisattvas, que têm compaixão por
todos os seres vivos [bodhichitta],
E o caminho último dos afortunados que buscam a libertação
[a visão correta da vacuidade].

Tu não deves estar apegado aos prazeres mundanos,
Mas empenhar-te para encontrar o verdadeiro significado da vida
humana
Por ouvir e praticar as instruções dadas aqui,
As quais todos os Budas anteriores praticaram com deleite.

O apego à satisfação dos teus próprios desejos, o desejo
descontrolado,
É a causa principal de todos os teus próprios problemas e sofrimentos,
E não há método para abandoná-lo sem, primeiro, desenvolver
renúncia.
Portanto, deves aplicar grande esforço para desenvolver e manter
renúncia pura.

Quando, por meio do treino diário, gerares os pensamentos
espontâneos:
"Pode ser que eu morra hoje" e "Uma preciosa vida humana é
tão rara",
E meditares na verdade do carma e nos sofrimentos do ciclo
de vida impura, o samsara,
O teu apego aos prazeres mundanos cessará.

Desse modo, quando o desejo descontrolado por prazeres
mundanos
Não surgir sequer por um momento,
Mas uma mente ávida por libertação, nirvana, surgir ao longo
do dia e da noite,
Nesse momento, renúncia pura terá sido gerada.

No entanto, se essa renúncia não for mantida
Pela compassiva mente de bodhichitta,
Ela não será uma causa da felicidade insuperável, a iluminação;
Portanto, deves aplicar esforço para gerar a preciosa mente
de bodhichitta.

Arrastadas pelas correntezas dos quatro poderosos rios
[nascimento, envelhecimento, doença e morte],
Acorrentadas firmemente pelos grilhões do carma, tão difíceis
de soltar,
Capturadas na rede de ferro do agarramento ao em-si,
Completamente envoltas pela densa escuridão da ignorância,

Renascendo muitas e muitas vezes no ilimitado samsara
E atormentadas ininterruptamente pelos três sofrimentos
[sensações dolorosas, sofrimento-que-muda e sofrimento-
que-permeia] –
Por contemplares o estado das tuas mães, todos os seres vivos,
em condições como essas,
Gera a suprema mente de bodhichitta.

Porém, embora possas estar familiarizado com renúncia e
    bodhichitta,
Se não possuíres a sabedoria que realiza o modo como as coisas
    realmente são,
Não serás capaz de cortar a raiz do samsara;
Portanto, empenha-te de modo a realizares a relação-dependente.

Quando vires claramente fenômenos – como samsara e nirvana,
    e causa e efeito – tal como existem
E, ao mesmo tempo, vires que todos os fenômenos que
    normalmente vês ou percebes não existem
Terás ingressado no caminho da visão correta da vacuidade,
Deleitando, assim, todos os Budas.

Se perceberes e acreditares que a aparência – os fenômenos –
E o vazio – a vacuidade dos fenômenos –
São duais,
Não terás, ainda, realizado a intenção de Buda.

Se, por apenas veres que as coisas existem
Na dependência dos seus meros nomes,
O teu agarramento ao em-si reduzir ou cessar,
Nesse momento, concluíste a tua compreensão da vacuidade.

Além disso, se negares o extremo da existência
Através de simplesmente realizares que os fenômenos são apenas
    meras aparências,
E se negares o extremo da não existência
Através de simplesmente realizares que todos os fenômenos que
    normalmente vês ou percebes não existem,

E se realizares como, por exemplo, a vacuidade de causa e efeito
É percebida como causa e efeito,
Porque não existe causa e efeito que não vacuidade,
Com essas realizações, tu não serás prejudicado pela visão
    extrema.

Quando, desse modo, tiveres realizado corretamente os pontos
essenciais
Dos três principais aspectos do caminho,
Querido, recolhe-te em retiro solitário, gera e mantém forte esforço
E alcança, rapidamente, a meta final.

Cólofon: Este texto foi retraduzido por Venerável Geshe Kelsang
Gyatso Rinpoche no Dia em que Buda Girou a Roda do Dharma,
4 de junho de 2017.

Glossário

Amor Mente que deseja que os outros sejam felizes. Existem três tipos de amor: afetuoso, apreciativo e grande amor. Consultar *Caminho Alegre da Boa Fortuna*.

Apego Fator mental deludido que observa um objeto contaminado, considera-o como causa de felicidade e quer possuí-lo. Consultar *Caminho Alegre da Boa Fortuna* e *Como Entender a Mente*.

Atisha (982-1054) Renomado erudito e mestre de meditação indiano. Foi abade do grande monastério budista Vikramashila na época em que o Budismo Mahayana florescia na Índia. Foi convidado para ir ao Tibete e sua presença contribuiu para o restabelecimento do budismo naquele país. É o autor de *Luz para o Caminho*, o primeiro texto sobre as etapas do caminho. Sua tradição tornou-se conhecida como Tradição Kadampa. Consultar *Caminho Alegre da Boa Fortuna*.

Autoapreço Atitude mental que considera nosso próprio eu como supremamente precioso e importante. É considerado o principal objeto a ser abandonado pelos Bodhisattvas. Consultar *Novo Oito Passos para a Felicidade*.

Avalokiteshvara A corporificação da compaixão de todos os Budas. Às vezes, aparece com uma face e quatro braços, outras, com onze faces e mil braços. Chamado Chenrezig, em tibetano. Consultar *Viver Significativamente, Morrer com Alegria*.

Bênçãos (*jin gyi lab pa*, em tibetano) Transformação da mente de um estado negativo para um estado positivo, de um estado infeliz para um estado feliz, ou de um estado de fraqueza para um estado de vigor, por meio da inspiração dos seres sagrados, como nosso Guia Espiritual, os Budas e os Bodhisattvas.

Bodhichitta Mente de iluminação, em sânscrito. *Bodhi* significa iluminação e *chitta*, mente. Há dois tipos de bodhichitta – convencional e última. De modo geral, o termo refere-se à bodhichitta convencional, uma mente primária motivada por grande compaixão, que busca espontaneamente a iluminação para beneficiar todos os seres vivos. A bodhichitta convencional pode ser de dois tipos: aspirativa e de compromisso. A bodhichitta última é uma sabedoria motivada pela bodhichitta convencional, que realiza diretamente a vacuidade, a natureza última dos fenômenos. Consultar *Caminho Alegre da Boa Fortuna* e *Contemplações Significativas*.

Bodhisattva Alguém que gerou a bodhichitta espontânea, mas ainda não se tornou um Buda. Consultar *Caminho Alegre da Boa Fortuna* e *Contemplações Significativas*.

Buda Em geral, Buda significa "O Desperto", alguém que acordou do sono da ignorância e vê as coisas como elas realmente são. Um Buda é uma pessoa que está completamente livre de todas as falhas e obstruções mentais. Todo ser vivo tem o potencial para se tornar um Buda. Ver *Buda Shakyamuni*. Consultar *Caminho Alegre da Boa Fortuna*.

Buda Shakyamuni O fundador da religião budista. Consultar *Introdução ao Budismo*.

GLOSSÁRIO

Budeidade Sinônimo de completa iluminação.

Budista Qualquer pessoa que busque sinceramente refúgio nas Três Joias – Buda, Dharma e Sangha. Consultar *Introdução ao Budismo*.

Canal central Canal principal que se situa no centro do nosso corpo, ao longo do qual se encontram as rodas-canais. Consultar *Solos e Caminhos Tântricos*.

Carma Termo sânscrito que significa "ação". Pela força da intenção, executamos ações com nosso corpo, fala e mente e todas essas ações produzem efeitos. O efeito de ações virtuosas é felicidade, o de ações negativas é sofrimento. Consultar *Caminho Alegre da Boa Fortuna*.

Chekhawa, Geshe (1102-1176) Eminente Bodhisattva kadampa, autor do texto *Treinar a Mente em Sete Pontos*, um comentário às *Oito Estrofes do Treino da Mente*, de Geshe Langri Tangpa. Chekhawa difundiu o estudo e a prática do treino da mente em todo o Tibete. Consultar *Compaixão Universal*.

Clara-luz Mente muito sutil manifesta que percebe uma aparência semelhante a um espaço vazio e claro. Consultar *Clara-Luz de Êxtase* e *Solos e Caminhos Tântricos*.

Compaixão Mente virtuosa que deseja que os outros se libertem do sofrimento. Consultar *Novo Oito Passos para a Felicidade*.

Conquistador Um Buda é chamado "Conquistador" porque venceu os quatro tipos de maras. Ver *mara*.

Contentamento Motivado por intenção virtuosa, ficar satisfeito com condições externas e internas.

Contínua-lembrança (*mindfulness*, em inglês) Fator mental cuja função é não esquecer o objeto realizado pela mente primária. Consultar *Clara-Luz de Êxtase* e *Como Entender a Mente*.

Dharmapala Protetor do Dharma, em sânscrito. Manifestação de um Buda ou de um Bodhisattva, cuja principal função é eliminar obstáculos e reunir condições necessárias para puros praticantes de Dharma. Consultar *Novo Coração de Sabedoria*.

Dedicatória Intenção virtuosa que serve tanto para impedir que a virtude acumulada se degenere como para causar seu aumento. Consultar *Caminho Alegre da Boa Fortuna*.

Delusão Fator mental que surge da atenção imprópria e torna nossa mente agitada e descontrolada. Existem três delusões principais: ignorância, apego desejoso e raiva. Delas nascem todas as demais delusões – inveja, orgulho, dúvida deludida etc. Consultar *Como Entender a Mente*.

Estado intermediário (*bardo*, em tibetano) O estado entre a morte e um próximo renascimento. Começa no instante em que a consciência deixa o corpo e termina quando ela ingressa no corpo da próxima vida. Consultar *Caminho Alegre da Boa Fortuna*.

Etapas do Caminho Ver *Lamrim*.

Existência inerente Modo de existência imaginado, segundo o qual os fenômenos são tidos como se existissem do seu próprio lado, independente de outros fenômenos. Na realidade, todos os fenômenos são vazios de existência inerente, porque dependem de suas partes. Consultar *Novo Coração de Sabedoria* e *Como Transformar a sua Vida*.

Existência verdadeira Existência independente, em algum modo, de imputação conceitual.

GLOSSÁRIO

Extremo da existência e da não-existência Buda explica o Caminho do Meio, refutando os dois extremos: da existência (de que os fenômenos são inerentemente existentes) e da não-existência (de que os fenômenos não existem de forma alguma).

Fé Fator mental naturalmente virtuoso que atua, principalmente, para se opor à percepção de falhas em seu objeto observado. Existem três tipos de fé: de acreditar, de admirar e de almejar. Consultar *Como Transformar a sua Vida*.

Fenômeno contaminado Qualquer fenômeno que faça surgir delusões ou cause seu aumento. Exemplos: ambientes, seres e prazeres do samsara. Consultar *Caminho Alegre da Boa Fortuna*.

Geshe Título concedido nos mosteiros kadampas para estudiosos realizados. Forma abreviada de *ge wai she nyen*, em tibetano, que significa amigo virtuoso.

Guia do Estilo de Vida do Bodhisattva Texto clássico do Budismo Mahayana, escrito pelo grande iogue e erudito indiano Shantideva. Apresenta todas as práticas de um Bodhisattva, desde a geração inicial da bodhichitta até a conclusão da prática das seis perfeições. Consultar *Guia do Estilo de Vida do Bodhisattva*. Para o comentário completo, consultar *Contemplações Significativas*.

Guia Espiritual (*Guru*, em sânscrito) Qualquer professor que nos guie ao longo do caminho espiritual. Consultar *Caminho Alegre da Boa Fortuna* e *Grande Tesouro de Mérito*.

Iluminação Sabedoria onisciente livre de toda aparência equivocada. Consultar *Caminho Alegre da Boa Fortuna*.

Imputação De acordo com a escola madhyamika-prasangika, todos os fenômenos são meramente imputados por concepção, na dependência de suas bases de imputação. Portanto, eles são meras imputações e não existem do seu próprio lado. Consultar *Novo Coração de Sabedoria*.

Iogue/ioguine Palavra sânscrita usada para designar alguém que realizou a união do tranquilo-permanecer com a visão superior.

Je Tsongkhapa (1357-1419) Emanação de Manjushri, o Buda da Sabedoria, cuja manifestação como monge tibetano, no século XIV, foi predita por Buda. Restaurou a pureza da doutrina de Buda e demonstrou como combinar as práticas de Sutra e de Tantra e como praticar o puro Dharma em tempos degenerados. Posteriormente, sua tradição ficou conhecida como Gelug ou Ganden. Consultar *Grande Tesouro de Mérito* e *Joia-Coração*.

Lamrim Todos os ensinamentos de Buda apresentados de uma maneira especial, fácil de ser compreendida e praticada. Literalmente significa as Etapas do Caminho, pois revela todas as fases do caminho à iluminação. Para o comentário completo, consultar *Caminho Alegre da Boa Fortuna*.

Mahayana Termo sânscrito para "Grande Veículo", o caminho espiritual à grande iluminação. A meta mahayana é alcançar a Budeidade para o benefício de todos os seres vivos, abandonando por completo as delusões e suas marcas. Consultar *Caminho Alegre da Boa Fortuna* e *Contemplações Significativas*.

Manjushri Corporificação da sabedoria de todos os Budas.

Mantra Literalmente, "proteção da mente". O mantra protege a mente contra as aparências e concepções comuns. Existem quatro tipos de mantra: mantras que são mentes, mantras que são ventos interiores, mantras que são sons e mantras que são formas. Em

GLOSSÁRIO

geral, existem três tipos de recitação de mantra: verbal, mental e vajra. Consultar *Solos e Caminhos Tântricos*.

Mara Demônio, em sânscrito. Tudo o que obstrui a conquista da libertação e da iluminação. Existem quatro tipos principais de demônios: o mara delusões, o mara agregados contaminados, o mara morte descontrolada e os maras Devaputra. Só os últimos são seres sencientes. Consultar *Novo Coração de Sabedoria*.

Marcas mentais (*imprint,* em inglês) Há dois tipos de marca mental: marcas das ações e marcas das delusões. Cada ação deixa uma marca na mente; as marcas tornam-se potencialidades cármicas, que nos fazem experienciar certos efeitos no futuro. As marcas das delusões permanecem mesmo depois de as delusões terem sido abandonadas, assim como o cheiro de alho permanece em um recipiente mesmo depois de o alho ter sido removido. As marcas das delusões são obstruções à onisciência e só são completamente abandonadas pelos Budas.

Mérito Boa sorte criada por ações virtuosas. Potencial para aumentar nossas boas qualidades e produzir felicidade.

Nova Tradição Kadampa (*NKT*) União dos Centros Budistas Kadampas, uma associação internacional de estudo e meditação, que segue a pura tradição do Budismo Mahayana originária do meditador e erudito budista Je Tsongkhapa. Introduzida no Ocidente pelo mestre budista Venerável Geshe Kelsang Gyatso.

Oferenda do mandala Oferecimento de todo o universo visualizado como uma Terra Pura e de todos os seus habitantes como seres puros.

Orgulho Fator mental deludido que, ao levar em consideração e exagerar nossas próprias boas qualidades ou posses, nos torna arrogantes. Consultar *Como Entender a Mente*.

Percepção errônea Um conhecedor que está equivocado a respeito de seu objeto conectado.

Preciosa vida humana Uma vida que possui oito liberdades e dez dotes especiais e que a torna uma oportunidade ideal para treinar a mente em todas as etapas do caminho à iluminação. Consultar *Caminho Alegre da Boa Fortuna.*

Prostração Ato de respeito feito com o corpo, a fala ou a mente. Consultar *Caminho Alegre da Boa Fortuna* e *O Voto do Bodhisattva.*

Puja Cerimônia em que fazemos oferendas e outras demonstrações de devoção aos seres sagrados.

Purificação Em geral, qualquer prática que conduza à aquisição de um corpo, fala e mente puros. Mais especificamente, uma prática para purificar carma negativo por meio dos quatro poderes oponentes. Consultar *Contemplações Significativas* e *O Voto do Bodhisattva.*

Realização Experiência estável e não enganosa de um objeto virtuoso, que nos protege diretamente contra o sofrimento.

Refúgio Verdadeira proteção. Buscar refúgio em Buda, Dharma e Sangha significa ter fé nessas Três Joias e confiar nelas para se proteger de todos os medos e sofrimentos. Ver *Caminho Alegre da Boa Fortuna.*

Reino do inferno O pior dos três reinos inferiores. Consultar *Caminho Alegre da Boa Fortuna.*

Reinos inferiores O reino do inferno, o reino dos espíritos famintos e o reino animal. Ver *samsara.*

GLOSSÁRIO

Relação-dependente Fenômeno dependente-relacionado é qualquer fenômeno que existe na dependência de outros fenômenos. Todos os fenômenos são dependente-relacionados, porque dependem de suas partes. Algumas vezes, "dependente-relacionado" (*ten drel*, em tibetano) é distinguido de "originação-dependente" (*ten jung*, em tibetano), este último significando um surgimento na dependência de causas e condições. No entanto, os dois termos são frequentemente usados de modo intercambiável. Consultar *Caminho Alegre da Boa Fortuna* e *Novo Coração de Sabedoria*.

Roda-canal (*chakra*, em sânscrito) Centro focal do qual canais secundários se ramificam do canal central. Meditar nesses pontos faz os ventos interiores entrarem no canal central. Consultar *Solos e Caminhos Tântricos*.

Samsara Pode ser compreendido de duas maneiras – como o renascimento ininterrupto sem liberdade, ou controle, ou como os agregados de um ser que está submetido a esse tipo de renascimento. O samsara caracteriza-se por sofrimento e insatisfação. Existem seis reinos samsáricos, aqui listados em ordem ascendente, de acordo com o carma que faz nascer neles: reinos dos seres-do-inferno, espíritos famintos, animais, humanos, semideuses e deuses. Os três primeiros são reinos inferiores ou migrações infelizes; os outros três são reinos superiores ou migrações felizes. Consultar *Caminho Alegre da Boa Fortuna*.

Sensação Fator mental cuja função é experienciar objetos agradáveis, desagradáveis ou neutros. Consultar *Como Entender a Mente*.

Ser vivo Qualquer ser que tenha uma mente contaminada por delusões ou por suas marcas. Os termos "ser vivo" e "ser senciente" são usados para fazer uma distinção entre estes seres e os Budas – ou seja, para distinguir os seres cujas mentes estão contaminadas por uma das duas obstruções daqueles cujas mentes estão livres delas.

Shantideva (687-763) Famoso erudito indiano e mestre de meditação budista. Compôs *Guia do Estilo de Vida do Bodhisattva*. Consultar *Contemplações Significativas*.

Sutra Ensinamentos de Buda que podem ser praticados por todos, sem necessidade de iniciação. Abrange os ensinamentos dados nas três giradas da Roda do Dharma.

Tantra Os ensinamentos tântricos diferem dos ensinamentos de Sutra por revelarem métodos para treinar a mente com o objetivo de trazer o resultado futuro – a Budeidade – para o caminho atual. Os praticantes tântricos superam as aparências e concepções comuns visualizando seu corpo, ambiente, prazeres e atividades como os de um Buda. O Tantra é o caminho supremo à iluminação. As práticas tântricas devem ser feitas reservadamente e apenas pelos que receberam uma iniciação tântrica. Sinônimo de Mantra Secreto. Consultar *Solos e Caminhos Tântricos*.

Tathagata Termo sânscrito para "um ser que passou além". Refere-se a Buda.

Tempos degenerados Período caracterizado pela degradação das atividades espirituais.

Tempos sem início De acordo com a visão de mundo budista, não há um começo para a mente nem para o tempo. Logo, todos os seres sencientes já tiveram incontáveis renascimentos anteriores.

Tradição Kadampa A pura tradição do Budismo Kadampa, fundada por Atisha. Seus seguidores, até a época de Je Tsongkhapa, ficaram conhecidos como Antigos Kadampas e, depois, passaram a ser chamados de Novos Kadampas. Ver *Nova Tradição Kadampa*.

GLOSSÁRIO

Três Joias Os três objetos de refúgio: Buda, Dharma e Sangha. São denominados joias por serem raros e preciosos. Consultar *Caminho Alegre da Boa Fortuna*.

Vacuidade Ausência de existência inerente, a natureza última de todos os fenômenos. Consultar *Novo Coração de Sabedoria* e *Como Transformar a sua Vida*.

Ventos interiores Ventos sutis especiais, relativos à mente, que fluem através dos canais do corpo. O corpo e a mente não podem funcionar sem esses ventos. Consultar *Solos e Caminhos Tântricos*.

Verdade última Natureza última de todos os fenômenos; vacuidade. Consultar *Novo Coração de Sabedoria*.

Vigilância Fator mental que é um tipo de sabedoria que examina nossas atividades de corpo, fala e mente e detecta o desenvolvimento de falhas. Consultar *Como Entender a Mente*.

Visão errônea Percepção errônea intelectualmente formada que nega a existência de um objeto cujo conhecimento é necessário para conquistarmos a libertação ou a iluminação. Um exemplo de visão errônea é negar a existência de seres iluminados, carma ou renascimento. Consultar *Caminho Alegre da Boa Fortuna*.

Visão extrema Visão deludida que observa o eu que é o objeto concebido da visão da coleção transitória e se apega a ele como se fosse permanente ou como algo que cessa completamente no momento da morte. Consultar *Como Entender a Mente*.

Bibliografia

VENERÁVEL GESHE KELSANG GYATSO RINPOCHE é um mestre de meditação e erudito altamente respeitado da tradição do Budismo Mahayana fundada por Je Tsongkhapa. Desde sua chegada ao Ocidente, em 1977, Venerável Geshe Kelsang Gyatso Rinpoche tem trabalhado incansavelmente para estabelecer o puro Budadharma no mundo inteiro. Durante esse tempo, deu extensos ensinamentos sobre as principais escrituras mahayana. Esses ensinamentos proporcionam uma exposição completa das práticas essenciais de Sutra e de Tantra do Budismo Mahayana.

Consulte o *website* da Tharpa Brasil para conferir os títulos disponíveis em língua portuguesa.

Livros

Budismo Moderno O caminho da compaixão e sabedoria. (3ª edição, 2015)

Caminho Alegre da Boa Fortuna O completo caminho budista à iluminação. (4ª edição, 2010)

Clara-Luz de Êxtase Um manual de meditação tântrica.

Como Entender a Mente A natureza e o poder da mente. (edição revista pelo autor, 2014. Edição anterior, com o título *Entender a Mente*, 2002)

Como Solucionar Nossos Problemas Humanos As Quatro Nobres Verdades. (4ª edição, 2012)

Como Transformar a sua Vida Uma jornada de êxtase. (edição revista pelo autor, 2017. Edição anterior, com o título *Transforme sua Vida*, 2014)

COMO SOLUCIONAR NOSSOS PROBLEMAS HUMANOS

Compaixão Universal Soluções inspiradoras para tempos difíceis. (3ª edição, 2007)

Contemplações Significativas Como se tornar um amigo do mundo. (2009)

O Espelho do Dharma Como Encontrar o Verdadeiro Significado da Vida Humana. (2018)

Essência do Vajrayana A prática do Tantra Ioga Supremo do mandala de corpo de Heruka. (2017)

Grande Tesouro de Mérito Como confiar num Guia Espiritual. (2013)

Guia do Estilo de Vida do Bodhisattva Como desfrutar uma vida de grande significado e altruísmo. Uma tradução da famosa obra-prima em versos de Shantideva. (2ª edição, 2009)

Introdução ao Budismo Uma explicação do estilo de vida budista. (6ª edição, 2012)

As Instruções Orais do Mahamudra A verdadeira essência dos ensinamentos, de Sutra e de Tantra, de Buda (2016)

Joia-Coração As práticas essenciais do Budismo Kadampa. (2ª edição, 2016)

Mahamudra-Tantra O supremo néctar da Joia-Coração. (2ª edição, 2014)

Novo Coração de Sabedoria Uma explicação do Sutra Coração. (edição revista pelo autor, 2013. Edição anterior, com o título *Coração de Sabedoria*, 2005)

Novo Guia à Terra Dakini A prática do Tantra Ioga Supremo de Buda Vajrayogini. (edição revista pelo autor, 2015. Edição anterior, com o título *Guia à Terra Dakini*, 2001)

Novo Manual de Meditação Meditações para tornar nossa vida feliz e significativa. (3ª edição, 2016)

Novo Oito Passos para a Felicidade O caminho budista da bondade amorosa. (edição revista pelo autor, 2017. Edições anteriores, como *Oito Passos para a Felicidade*: 2013 – também revista pelo autor – e 2007)

Oceano de Néctar A verdadeira natureza de todas as coisas.

Solos e Caminhos Tântricos Como ingressar, progredir e concluir o Caminho Vajrayana. (2016)

BIBLIOGRAFIA

Viver Significativamente, Morrer com Alegria A prática profunda da transferência de consciência. (2007)

O Voto do Bodhisattva Um guia prático para ajudar os outros. (2ª edição, 2005)

Sadhanas

Venerável Geshe Kelsang Gyatso Rinpoche também supervisionou a tradução de uma coleção essencial de sadhanas, ou livretos de orações, para aquisições espirituais. Consulte o *website* da Tharpa Brasil para conferir os títulos disponíveis em língua portuguesa.

Caminho de Compaixão para quem Morreu Sadhana de Powa para o benefício dos que morreram.

Caminho de Êxtase A sadhana condensada de autogeração de Vajrayogini.

Caminho Rápido ao Grande Êxtase A sadhana extensa de autogeração de Vajrayogini.

Caminho à Terra Pura Sadhana para o treino em Powa (a transferência de consciência).

As Centenas de Deidades da Terra Alegre de Acordo com o Tantra Ioga Supremo O Guru-Ioga de Je Tsongkhapa como uma Prática Preliminar ao Mahamudra.

Cerimônia de Powa Transferência de consciência de quem morreu.

Cerimônia de Refúgio Mahayana e Cerimônia do Voto Bodhisattva

A Confissão Bodhisattva das Quedas Morais A prática de purificação do Sutra Mahayana dos Três Montes Superiores.

Essência da Boa Fortuna Preces das seis práticas preparatórias para a meditação sobre as Etapas do Caminho à iluminação.

Essência do Vajrayana Sadhana de autogeração do mandala de corpo de Heruka, de acordo com o sistema de mahasiddha Ghantapa.

Essência do Vajrayana Condensado Sadhana de autogeração do mandala de corpo de Heruka.

COMO SOLUCIONAR NOSSOS PROBLEMAS HUMANOS

O Estilo de Vida Kadampa As práticas essenciais do Lamrim Kadam.

Festa de Grande Êxtase Sadhana de autoiniciação de Vajrayogini.

Gota de Néctar Essencial Uma prática especial de jejum e de purificação em associação com Avalokiteshvara de Onze Faces.

Grande Libertação do Pai Preces preliminares para a meditação no Mahamudra em associação com a prática de Heruka.

Grande Libertação da Mãe Preces preliminares para a meditação no Mahamudra em associação com a prática de Vajrayogini.

A Grande Mãe Um método para superar impedimentos e obstáculos pela recitação do *Sutra Essência da Sabedoria* (o *Sutra Coração*).

O Ioga de Avalokiteshvara de Mil Braços Sadhana de autogeração.

O Ioga de Buda Amitayus Um método especial para aumentar tempo de vida, sabedoria e mérito.

O Ioga de Buda Heruka A sadhana essencial de autogeração do mandala de corpo de Heruka & Ioga Condensado em Seis Sessões.

O Ioga de Buda Maitreya Sadhana de autogeração.

O Ioga de Buda Vajrapani Sadhana de autogeração.

Ioga da Dakini A sadhana mediana de autogeração de Vajrayogini.

O Ioga da Grande Mãe Prajnaparamita Sadhana de autogeração.

O Ioga Incomum da Inconceptibilidade A instrução especial sobre como alcançar a Terra Pura de Keajra com este corpo humano.

O Ioga da Mãe Iluminada Arya Tara Sadhana de autogeração.

O Ioga de Tara Branca, Buda de Longa Vida

Joia-Coração O Guru-Ioga de Je Tsongkhapa, associado à sadhana condensada de seu Protetor do Dharma.

Joia-que-Satisfaz-os-Desejos O Guru-Ioga de Je Tsongkhapa, associado à sadhana de seu Protetor do Dharma.

Libertação da Dor Preces e pedidos às 21 Taras.

Manual para a Prática Diária dos Votos Bodhisattva e Tântricos

Meditação e Recitação de Vajrasattva Solitário

Melodioso Tambor Vitorioso em Todas as Direções O ritual extenso de cumprimento e de renovação de compromissos com o Protetor do Dharma, o grande rei Dorje Shugden, juntamente com Mahakala, Kalarupa, Kalindewi e outros Protetores do Dharma.

Nova Essência do Vajrayana A prática de autogeração do mandala de corpo de Heruka, uma instrução da Linhagem Oral Ganden.

Oferenda ao Guia Espiritual (Lama Chöpa) Uma maneira especial de confiar no nosso Guia Espiritual.

Paraíso de Keajra O comentário essencial à prática do Ioga Incomum da Inconceptibilidade.

Pedido ao Sagrado Guia Espiritual Venerável Geshe Kelsang Gyatso, de seus Fiéis Discípulos.

Prece do Buda da Medicina Um método para beneficiar os outros.

Preces para Meditação Preces preparatórias breves para meditação.

Preces pela Paz Mundial

Preces Sinceras Preces para o rito funeral em cremações ou enterros.

Sadhana de Avalokiteshvara Preces e pedidos ao Buda da Compaixão.

Sadhana do Buda da Medicina Um método para obter as aquisições do Buda da Medicina.

O Tantra-Raiz de Heruka e Vajrayogini Capítulos Um e Cinquenta e Um do Tantra-Raiz Condensado de Heruka.

O Texto-Raiz: As Oito Estrofes do Treino da Mente

Tesouro de Sabedoria A sadhana do Venerável Manjushri.

União do Não-Mais-Aprender Sadhana de autoiniciação do mandala de corpo de Heruka.

Vida Pura A prática de tomar e manter os Oito Preceitos Mahayana.

Os Votos e Compromissos do Budismo Kadampa

Os livros e sadhanas de Venerável Geshe Kelsang Gyatso Rinpoche podem ser adquiridos nos Centros Budistas Kadampa e Centros de Meditação Kadampa e suas filiais. Você também pode adquiri-los diretamente pelo *site* da Editora Tharpa Brasil.

Editora Tharpa Brasil
Rua Artur de Azevedo, 1360, Pinheiros
05404-003 São Paulo – SP
Tel: (11) 3476-2328
Web: www.tharpa.com/br
E-mail: contato.br@tharpa.com

Programas de Estudo do Budismo Kadampa

O Budismo Kadampa é uma escola do Budismo Mahayana fundada pelo grande mestre budista indiano Atisha (982-1054). Seus seguidores são conhecidos como "Kadampas": "Ka" significa "palavra" e refere-se aos ensinamentos de Buda, e "dam" refere-se às instruções especiais de Lamrim ensinadas por Atisha, conhecidas como "as Etapas do Caminho à iluminação". Integrando o conhecimento dos ensinamentos de Buda com a prática de Lamrim, e incorporando isso em suas vidas diárias, os budistas kadampas são incentivados a usar os ensinamentos de Buda como métodos práticos para transformar atividades diárias em caminho à iluminação. Os grandes professores kadampas são famosos não apenas por serem grandes eruditos, mas também por serem praticantes espirituais de imensa pureza e sinceridade.

A linhagem desses ensinamentos, tanto sua transmissão oral como suas bênçãos, foi passada de mestre a discípulo e se espalhou por grande parte da Ásia e, agora, por diversos países do mundo ocidental. Os ensinamentos de Buda, conhecidos como "Dharma", são comparados a uma roda que gira, passando de um país a outro segundo as condições e tendências cármicas de seus habitantes. As formas externas de se apresentar o Budismo podem mudar de acordo com as diferentes culturas e sociedades, mas sua autenticidade essencial é assegurada pela continuidade de uma linhagem ininterrupta de praticantes realizados.

COMO SOLUCIONAR NOSSOS PROBLEMAS HUMANOS

O Budismo Kadampa foi introduzido no Ocidente em 1977 pelo renomado mestre budista Venerável Geshe Kelsang Gyatso Rinpoche. Desde então, ele vem trabalhando incansavelmente para expandir o Budismo Kadampa por todo o mundo, dando extensos ensinamentos, escrevendo textos profundos sobre o Budismo Kadampa e fundando a Nova Tradição Kadampa-União Budista Kadampa Internacional (NKT–IKBU), que hoje congrega mais de mil Centros Budistas e grupos kadampa em todo o mundo. Esses centros oferecem programas de estudo sobre a psicologia e a filosofia budistas, instruções para meditar e retiros para todos os níveis de praticantes. A programação enfatiza a importância de incorporarmos os ensinamentos de Buda na vida diária, de modo que possamos solucionar nossos problemas humanos e propagar paz e felicidade duradouras neste mundo.

O Budismo Kadampa da NKT–IKBU é uma tradição budista totalmente independente e sem filiações políticas. É uma associação de centros budistas e de praticantes que se inspiram no exemplo e nos ensinamentos dos mestres kadampas do passado, conforme a apresentação feita por Venerável Geshe Kelsang Gyatso Rinpoche.

Existem três razões pelas quais precisamos estudar e praticar os ensinamentos de Buda: para desenvolver nossa sabedoria, cultivar um bom coração e manter a paz mental. Se não nos empenharmos em desenvolver nossa sabedoria, sempre permaneceremos ignorantes da verdade última – a verdadeira natureza da realidade. Embora almejemos felicidade, nossa ignorância nos faz cometer ações não virtuosas, a principal causa do nosso sofrimento. Se não cultivarmos um bom coração, nossa motivação egoísta destruirá a harmonia e tudo o que há de bom nos nossos relacionamentos com os outros. Não teremos paz nem chance de obter felicidade pura. Sem paz interior, a paz exterior é impossível. Se não mantivermos um estado mental apaziguado, não conseguiremos ser felizes, mesmo que estejamos desfrutando de condições ideais. Por outro lado, quando nossa mente está em paz, somos felizes ainda que as condições exteriores sejam ruins. Portanto, o desenvolvimento dessas qualidades é da maior importância para nossa felicidade diária.

Venerável Geshe Kelsang Gyatso Rinpoche, ou "Geshe-la", como é carinhosamente chamado por seus discípulos, organizou três programas espirituais especiais para o estudo sistemático e a prática do Budismo Kadampa. Esses programas são especialmente adequados para a vida moderna – o Programa Geral (PG), o Programa Fundamental (PF) e o Programa de Formação de Professores (PFP).

PROGRAMA GERAL

O Programa Geral (PG) oferece uma introdução básica aos ensinamentos, à meditação e à prática budistas, e é ideal para iniciantes. Também inclui alguns ensinamentos e práticas mais avançadas de Sutra e de Tantra.

PROGRAMA FUNDAMENTAL

O Programa Fundamental (PF) oferece uma oportunidade de aprofundar nossa compreensão e experiência do Budismo por meio do estudo sistemático de seis textos:

1. *Caminho Alegre da Boa Fortuna* – um comentário às instruções de Lamrim, as Etapas do Caminho à iluminação, de Atisha.
2. *Compaixão Universal* – um comentário ao *Treino da Mente em Sete Pontos*, do Bodhisattva Chekhawa.
3. *Novo Oito Passos para a Felicidade* – um comentário às *Oito Estrofes do Treino da Mente*, do Bodhisattva Langri Tangpa.
4. *Novo Coração de Sabedoria* – um comentário ao *Sutra Coração*.

5. *Contemplações Significativas* – um comentário ao *Guia do Estilo de Vida do Bodhisattva*, escrito pelo Venerável Shantideva.
6. *Como Entender a Mente* – uma explicação detalhada da mente, com base nos trabalhos dos eruditos budistas Dharmakirti e Dignaga.

Os benefícios de estudar e praticar esses textos são:

(1) Caminho Alegre da Boa Fortuna – obtemos a habilidade de colocar em prática todos os ensinamentos de Buda: de Sutra e de Tantra. Podemos facilmente fazer progressos e concluir as etapas do caminho à felicidade suprema da iluminação. Do ponto de vista prático, o Lamrim é o corpo principal dos ensinamentos de Buda, e todos os demais ensinamentos são como seus membros.

(2) Compaixão Universal e (3) Novo Oito Passos para a Felicidade – obtemos a habilidade de incorporar os ensinamentos de Buda em nossa vida diária e de solucionar todos os nossos problemas humanos.

(4) Novo Coração de Sabedoria – obtemos a realização da natureza última da realidade. Por meio dessa realização, podemos eliminar a ignorância do agarramento ao em-si, que é a raiz de todos os nossos sofrimentos.

(5) Contemplações Significativas – transformamos nossas atividades diárias no estilo de vida de um Bodhisattva, tornando significativo cada momento de nossa vida humana.

(6) Como Entender a Mente – compreendemos a relação entre nossa mente e seus objetos exteriores. Se entendermos que os objetos dependem da mente subjetiva, poderemos mudar a maneira como esses objetos nos aparecem, por meio de mudar nossa própria

mente. Aos poucos, vamos adquirir a habilidade de controlar nossa mente e de solucionar todos os nossos problemas.

PROGRAMA DE FORMAÇÃO DE PROFESSORES

O Programa de Formação de Professores (PFP) foi concebido para as pessoas que desejam treinar para se tornarem autênticos professores de Dharma. Além de concluir o estudo de quatorze textos de Sutra e de Tantra (e que incluem os seis textos acima citados), o estudante deve observar alguns compromissos que dizem respeito ao seu comportamento e estilo de vida e concluir um determinado número de retiros de meditação.

Um Programa Especial de Formação de Professores é também mantido pelo Manjushri Kadampa Meditation Centre, Ulverston, Inglaterra, e pode ser realizado tanto presencialmente como por correspondência. Esse programa especial de estudo e meditação consiste de doze cursos fundamentados nos seguintes livros de Venerável Geshe Kelsang Gyatso Rinpoche: *Como Entender a Mente*; *Budismo Moderno*; *Novo Coração de Sabedoria*; *Solos e Caminhos Tântricos*; *Guia do Estilo de Vida do Bodhisattva*, de Shantideva, e seu comentário – *Contemplações Significativas*; *Oceano de Néctar*; *Novo Guia à Terra Dakini*; *As Instruções Orais do Mahamudra*; *Novo Oito Passos para a Felicidade*; *O Espelho do Dharma*; *Essência do Vajrayana*; e *Caminho Alegre da Boa Fortuna*.

Todos os Centros Budistas Kadampa são abertos ao público. Anualmente, celebramos festivais nos EUA e Europa, incluindo dois festivais na Inglaterra, nos quais pessoas do mundo inteiro reúnem-se para receber ensinamentos e iniciações especiais e desfrutar de férias espirituais. Por favor, sinta-se à vontade para nos visitar a qualquer momento!

Para encontrar o Centro Kadampa mais próximo de você, visite **tharpa.com/br/encontre-centro**

Escritórios da Editora Tharpa
no Mundo

Atualmente, os livros da Tharpa são publicados em inglês (americano e britânico), alemão, chinês, espanhol, francês, italiano, japonês e português (do Brasil e de Portugal). Os livros na maioria desses idiomas estão disponíveis em qualquer um dos escritórios da Editora Tharpa listados a seguir.

Inglaterra
Tharpa Publications UK
Conishead Priory
ULVERSTON
Cumbria, LA12 9QQ, UK
Tel: +44 (0)1229-588599
Fax: +44 (0)1229-483919
Web: www.tharpa.com/uk/
E-mail: info.uk@tharpa.com

Estados Unidos
Tharpa Publications USA
47 Sweeney Road
GLEN SPEY NY 12737
USA
Tel: +1 845-856-5102
Toll-free: 888-741-3475
Fax: +1 845-856-2110
Web: www.tharpa.com/us/
E-mail: info.us@tharpa.com

África do Sul
c/o Mahasiddha Kadampa
Buddhist Centre
2 Hollings Road, Malvern
DURBAN
4093 REP. OF SOUTH AFRICA
Tel : +27 31 464 0984
Web: www.tharpa.com/za/
E-mail: info.za@tharpa.com

Alemanha
Tharpa Verlag (Zweigstelle Berlin)
Sommerswalde 8
16727 Oberkrämer OT Schwante
GERMANY
Tel: +49 (0)33055 222135
Fax : +49 (0) 33055 222139
Web: www.tharpa.com/de/
E-mail: info.de@tharpa.com

Austrália

Tharpa Publications Australia
25 McCarthy Road
PO Box 63
MONBULK
VIC 3793
AUSTRALIA
Tel: +61 (3) 9752-0377
Web: www.tharpa.com/au/
E-mail: info.au@tharpa.com

Brasil

Editora Tharpa Brasil
Rua Artur de Azevedo, 1360
Pinheiros
05404-003 – São Paulo, SP
BRASIL
Tel: +55 (11) 3476-2328
Web: www.tharpa.com/br
E-mail: contato.br@tharpa.com

Canadá

Tharpa Publications Canada
631 Crawford Street
TORONTO ON
M6G 3K1, CANADA
Tel: +1 (416) 762-8710
Toll-free: 866-523-2672
Fax: +1 (416) 762-2267
Web: www.tharpa.com/ca/
E-mail: info.ca@tharpa.com

Espanha

Editorial Tharpa España
Camino Fuente del Perro s/n
29120 ALHAURÍN EL GRANDE
(Málaga)
ESPAÑA
Tel.: +34 952 596808
Fax: +34 952 490175
Web: www.tharpa.com/es/
E-mail: info.es@tharpa.com

França

Editions Tharpa
Château de Segrais
72220 SAINT-MARS-D'OUTILLÉ
FRANCE
Tél : +33 (0)2 43 87 71 02
Fax : +33 (0)2 76 01 34 10
Web: www.tharpa.com/fr/
E-mail: info.fr@tharpa.com

Hong Kong

Tharpa Asia
2nd Floor, 21 Tai Wong St. East,
Wanchai,
HONG KONG
Tel: +852 25205137
Fax: +852 25072208
Web: www.tharpa.com/hk-cht/
E-mail: info.hk@tharpa.com

Japão

Tharpa Japan
Dai 5 Nakamura Kosan Biru #501,
Shinmachi 1-29-16, Nishi-ku,
OSAKA, 550-0013
JAPAN
Tel/Fax : +81 6-6532-7632
Web: www.tharpa.com/jp/
E-mail: info.jp@tharpa.com

México

Enrique Rébsamen No 406,
Col. Narvate, entre Xola y
Diagonal de San Antonio,
C.P. 03020,
MÉXICO D.F., MÉXICO
Tel: +01 (55) 56 39 61 86
Tel/Fax: +01 (55) 56 39 61 80
Web: www.tharpa.com/mx/
Email: tharpa@kadampa.org/mx

Suiça

Tharpa Verlag
Mirabellenstrasse 1
CH-8048 ZURICH
Schweiz
Tel: +41 44 401 02 20
Fax: +41 44 461 36 88
Web: www.tharpa.com/ch/
E-mail: info.ch@tharpa.com

Índice Remissivo

A letra "g" indica entrada para o glossário

A

Aceitação paciente. Ver
  paciência
Ações e efeitos (ver também
  ações não virtuosas; carma;
  causa e efeito) xii, 4, 10, 14,
  22, 37, 38, 56-57, 75
Ações não virtuosas 10, 38, 144
Agarramento ao em-si xiii, 3-4,
  29, 40, 82
  abandonar o 76
  causa principal dos
    problemas 3-4, 9-10
  identificar 45
  do próprio eu 10, 40
raiz do sofrimento 49
  resultados do 49, 55
Amigos 62-63, 116
  e apego 4, 62-63, 106, 117
  bondade dos 24
  como resultado cármico da
    paciência 75
  ver todos os seres como 25-
    26
Amor g, 24, 62, 72-75
  e apego 62-63

Analogias
  árvore 10
  balão ao vento 106
  castelo de areia 107
  céu e trovões 40
  chama da vela 87
  cheiro de alho no pote de
    alho 131
  chuva e céu 53
  de cortar uma árvore 15
  grama seca 62
  hóspede e hospedaria 81-82
  miragem no deserto 48
  pessoa doente xii
  prisioneiro 63
  soldado 42
  vara 54
Animais 7, 8, 12, 14
Apego g, 3-4, 9, 82
  a amigos 4, 62-63, 106, 117
  e amor 62-63
  causa do 10
  como causa da raiva 62
  à fama, posses etc. 67
  objeto de 62
  por opiniões 4

à posição social, posses
etc. 106
Atisha g, 113, 115, 143
Autoapreço g, xiii, 65
  abandonar o 25, 76
Avalokiteshvara g
  mantra g, 90

B
Bênçãos g, 118, 143
Bodhichitta g, 22, 76
  obstáculo à 59, 65
Bodhisattvas g, 22, 26, 72
Bondade 72, 75
  de Buda 73
  da mãe 75
  dos inimigos 57-58, 70, 71
Buda(s) g, 72-75
Buda Shakyamuni g, 11, 72
  citações 7, 71
  Louvor a 95-96
  vidas anteriores 73
Budadharma (ver também
  Dharma)
  objetivo da prática do 83
Budeidade (ver também
  iluminação) g, 65, 75
Budismo (ver também
  Budadharma) xii, 143-
  144
Budista g, 61, 143-144

C
Caminho à iluminação 70

*Caminho Alegre da Boa
  Fortuna* 13, 145, 146
Caminho espiritual 12, 13-15,
  22, 73
Campo de Mérito 71-73
Canal central g, 82
Câncer 31, 46
Carma (ver também ações e
  efeitos) g, xii, 14, 54-55,
  57, 62, 64, 107
Causa e efeito (ver também
  ações e efeitos) 46, 48-
  49, 62
Cérebro 81-82
Cessações 11-12
Chekhawa, Geshe. Ver Geshe
  Chekhawa
Clara-luz g, 82
  da morte 88
  do sono 87-88
Compaixão g, 43, 51-52, 61, 76
Compaixão Universal 145, 146
Concentração 14, 105-106, 108,
  119
  superior 14, 15
Condições exteriores 40, 67-68,
  106-107, 108
Conquistador g, 121
*Conselhos do Coração de
  Atisha* 113, 115-119
*Contemplações
  Significativas* 145, 146
Contentamento g, 108
Contínua-lembrança g, 27

Novo Coração de Sabedoria 15, 145, 146

Corpo 14, 38
  como resultado cármico da raiva 52
  como resultado cármico da paciência 75
  contaminado 55-56
  puro e incontaminado 56
  relação com a mente 81, 87, 88

Crítica 41, 58, 67

Culpar xiii, 25, 26, 27, 47
  as delusões 57

D

Dar (generosidade) 65, 70, 71, 72

Dedicatória g, 23, 71, 77

Delusões g, xiii, 3-4, 9-10, 33, 51-52, 82-83, 105
  abandonar as 9-10, 15, 43, 107
  nossos verdadeiros inimigos 9-10, 42-43
  principal causa de sofrimento 82-83
  sem início 43

Depressão 4

Desejo (ver também apego) 3-5, 30

Dharma (ver também Budadharma; prática de Dharma, Roda do Dharma) xii, 3, 4, 9, 71, 143-144
  significado 3

Dharmapala g, 89, 90

Disciplina moral 13-14, 119
  superior 13, 14, 15

Distrações 14, 69, 107-109

Doença 11, 38-39, 46, 55

Dor (ver também sensação, desagradável; sofrimento) 7, 32, 38, 45-46, 55-56
  natureza verdadeira da 48
  sensações dolorosas 39

Dormir 82, 87-89

Dormir, sonhar e acordar 87-89

E

Elogios 64-65, 67, 68

Ensinamentos de Buda (ver também Dharma) xii, 4-5, 54, 143-144

Como Entender a Mente 145, 146

Espelho do Dharma 4

Estado intermediário g, 87-88

Estilo de Vida Kadampa, O 111-123

Estresse 38, 108-109

Etapas do caminho 13, 113, 143, 146
  Prece 98-100

Existência inerente g, 10, 47

Existência verdadeira g, 10

Êxtase 39, 68

Extremos da existência e da não-existência g, 123

F

Falhas 25, 54
  dos outros 26
Família 62-63
Familiaridade 41-42
Fé g, 61, 71, 73
Felicidade xi, 3, 56, 83
  causa de xi, 73, 106-107, 144
  depende da mente xi
  surge de apreciar os outros
    75
  das vidas futuras 7-8, 107
Fenômeno contaminado g,
    55-56
Frustração 30, 32

G

Geshe g
Geshe Chekhawa g, 31
Gonpo Dorje 8
Guerra 26
Guia do Estilo de Vida do
    Bodhisattva g, 19, 22, 31-
    32, 45, 63, 74, 145
Guia espiritual g, 61
  interior 14
  ver os outros como 70

H

Hábito 29, 33, 39, 42, 52
Herói/Heroína 42
História da velha mulher
  raivosa 25

I

Ignorância (ver agarramento ao
    em-si)
Iluminação (ver também
    Budeidade) g, 11, 64, 66,
    68, 71, 73, 76
  causa da 69, 72, 75
Ilusões 48
Impossibilidade de encontrar
    (*unfindability*) 47-49
Imputação g, 10
Infelicidade (ver dor;
    sofrimento) 4, 25, 29-30,
    31, 106-107
Inimigos 25, 66-67
  bondade dos 57-58, 70
  fonte de riqueza interior 71
  interiores 27, 29, 42-43, 54
Inteligência 14
Inveja 64-66, 69, 82
Iogue/Ioguine g, 8
Ira 54

J

Jangchub Ö 115
Je Tsongkhapa g, 113

K

Kadampa 4, 113, 143
  Budismo Kadampa 143-145
  significado 143
  Tradição (ver também Nova
    Tradição Kadampa) g

L

Lamrim g, 113, 143, 146
Liberdade (ver também libertação) xii, 7-8, 12
   falta de xii, 24, 43, 46, 49, 52
   do sofrimento 56
Libertação xiii, 9, 13, 15

M

Mãe (ver também seres vivos, são nossas bondosas mães) 72-74
Mahayana g, 129, 131, 137, 143
Manjushri g, 113
Mantra g, 90
Mara g, 117
Marcas g, 40, 60
Marpa 91
Meditação 105-109
   analítica e posicionada 105-106
   definição 105
   objeto de 105, 107-108
   principal objetivo da 83
   propósito da 106
   sessão de 70
Meditação respiratória 107-109
Mente 81-84, 146
   continuum mental 82, 87
   controlar a xi, 4, 25, 106
   criadora do mundo xii
   função da 82
   níveis 82, 87-88
   relação com o corpo 81-82, 87, 88

vazia de existência inerente 47
Mérito g, 57, 65, 70, 71, 72-73
   destruição de mérito 22, 38, 66
Milarepa 8, 92
Miragem 48
Morte 60, 88
Morte, estado intermediário e renascimento 87-88
Mundo 12, 76, 83
   criado pela mente xii
   do estado vigília 88
   da próxima vida 88

N

Nirvana (ver também libertação) 15
Nova Tradição Kadampa g, 144
Novo Manual de Meditação 13, 109
Novo Oito Passos para a Felicidade 146

O

Objeto de meditação 105, 107-108
Objeto não virtuoso 105
Objeto virtuoso 14, 105
Ódio (ver também raiva) 10, 25
Oferendas 23, 72, 74
Oferenda do mandala g, 98
Olho divino 14
Opiniões religiosas 4

Orgulho g, 43, 69

Origens 9-10

P

Paciência 15, 19-75
aceitação paciente,
significado 32, 33
de não retaliar 37, 51-75, 76
de pensar definitivamente
sobre o Dharma 37, 45-
49, 76
resultados da 52, 75, 76
de voluntariamente aceitar o
sofrimento 31-34, 37-43,
76
Paz mental xi, 25, 31, 108, 144
causa da 105-107
o que destrói nossa paz
mental 9, 23, 38, 82-83
permanente 15, 107
Percepção errônea g, 10
Perigos xi, 12
Pobreza 11-12
Poluição 11-12
Posses 66, 75, 106
Potenciais 40
Prática de Dharma 14, 15, 45, 69
essência 70, 83
Prática espiritual 12, 42-43, 70
Prece Libertadora 95-96
Preces para Meditação 97-101
Preciosa vida humana g, 7-8,
12, 64, 68, 113
meta suprema 41, 58
sentido 15, 76

significado 5
Problemas 3-5, 15, 83-84, 109
causa dos 3-4, 9
estão na mente xi-xiii, 3-4,
33-34
natureza dos 3-4
paciência com (ver
também paciência, de
voluntariamente aceitar
sofrimento) 38
políticos 4
das vidas futuras (ver
também sofrimento, das
vidas futuras) 7-8, 12
Progresso espiritual 22, 45, 59
Progresso material xi
Prostrações g, 72, 75
Proteção 3, 54
Protetor do Dharma (ver
Dharmapala)
Puja g, 90
Purificação g, 40, 57

Q

Quatro Nobres Verdades 7-15
caminho 13-15
cessações 11-12
inclui todas as práticas de
Dharma 15
origens 9-10
sofrimento 7-8

R

Raiva 9, 19, 61-62, 82
analogia da grama seca 62

ÍNDICE REMISSIVO

carece de existência inerente 46, 48-49

causa da 4, 29-34, 62

como superar 21-75

definição 21

falhas da 4, 21-27, 38, 52

e inveja 64-66

objeto da 22, 49, 57

rouba-nos a liberdade 24, 46, 52

e ressentimento 27

superar por meio das Quatro Nobres Verdades 15

transforma os outros em inimigos 25

é o verdadeiro inimigo 27, 29, 42, 52, 54

Realizações (ver também sabedoria, que realiza a vacuidade) g, 42-43

fatores que contribuem para 14

impedimentos às 14

Reencarnação (ver renascimento)

Refúgio g

Regozijo 64-66

Reino do inferno g, 56

Reinos inferiores g, 63, 64, 67, 69

Relação-dependente g, 45, 47, 62, 122-123

Relacionamentos (ver também relação-dependente) 24-25, 33-34, 62-63, 109

Renascimento (ver também renascimento humano; vidas futuras; vidas passadas) 11

Renascimento humano (ver também preciosa vida humana) 63, 64

Renúncia 11-12, 13, 39, 43, 69

Reputação 4, 41, 60-61, 66-69

Ressentimento 27, 33

Riqueza 51, 60-61, 69

causas de 66, 67, 75

interior 58, 71

Roda do Dharma 98, 143

Roda-canal g

do coração 82

Roubar 56

Sabedoria 14-15, 129, 135, 144

como Guia Espiritual interior 14

como olho divino 14

que realiza a vacuidade 14-15, 29, 45, 122, 126

superior 14, 15

S

Samsara g, 30, 32, 37, 38, 39, 56, 63, 76

natureza do 37

Sensação g

desagradável (ver também dor) 3-4, 30, 39-40

Ser senciente (ver seres vivos)

Seres vivos g, xiii, 11, 12, 43, 49, 71-75, 121

incontáveis 40, 72
são nossas bondosas
  mães 75, 99, 117, 122
Shantideva g, xii, 19, 42, 55, 113
Sofrimento (ver também dor;
  problemas) xi, xiii, 11,
  15, 83
  boas qualidades do 42-43
  causas do 55-57, 83
  ciclo de 11
  culpar as delusões pelo
    nosso sofrimento 57
  depende da mente xi
  da separação 63
  raiz do 40, 49
  das vidas futuras 7-8, 11, 15,
    87
Sonhos 87-91
Sono, sonhos e acordar 87-88
Suicídio 52, 87
Sutra g, 137, 145, 146
  diferença entre Sutra e
    Tantra 134
  e Tantra 130
*Sutra das Quatro Nobres
  Verdades* 7

T

Tantra g, 91, 137, 145, 146
Tarma Dode 91
Tathagata g, 74
Tecnologia xi, 12
Tempos degenerados g, 76

Tempos sem início g, xii, 43, 49
Tibete 91
Transferência de
  consciência 91-92
Transformar condições adversas
  (ver também paciência,
  de voluntariamente
  aceitar sofrimento) 41-
  43, 64
Três Joias g, 23, 61, 72
*Três Aspectos Principais do
  Caminho à Iluminação,
  Os* 113, 121-123
Três Treinos Superiores 13-15
Trocar eu por outros 74

V

Vacuidade (ver também
  verdade última) g, 14-15,
  45-49
  da dor 48
  da mente 47
Ventos interiores g, 82, 87-88
Verdade última (ver também
  vacuidade) g, 144
Vidas futuras (ver também
  renascimento) 7-8, 11, 14,
  87-92, 107
Vidas passadas (ver também
  renascimento) 14, 87-92
Vigilância g, 27
Visão errônea g, 119
Visão extrema g, 123

Encontre um Centro de Meditação Kadampa Próximo de Você

Para aprofundar sua compreensão deste livro e de outros livros publicados pela Editora Tharpa Brasil, assim como a aplicação desses ensinamentos na vida diária, você pode receber ajuda e inspiração de professores e praticantes qualificados.

As Editoras Tharpa são parte da comunidade espiritual da Nova Tradição Kadampa. Esta tradição tem um número crescente de Centros e filiais em mais de 40 países ao redor do mundo. Cada Centro oferece programas especiais de estudo em Budismo moderno e meditação, ensinados por professores qualificados. Para mais detalhes, consulte Programas de Estudo do Budismo Kadampa (ver páginas 143–147).

Esses programas são fundamentados no estudo dos livros de Venerável Geshe Kelsang Gyatso Rinpoche e foram concebidos para se adequarem confortavelmente ao estilo de vida moderno.

Para encontrar o seu Centro Kadampa local, visite:
tharpa.com/br/encontre-centro